GERENCIAMENTO DE TEMPO

Alguns Mitos Importantes Que Impedem As Pessoas

(Como Obter Foco Para a Concentração)

Dale Ritter

Traduzido por Daniel Heath

Dale Ritter

Gerenciamento de tempo: Alguns Mitos Importantes Que Impedem As Pessoas (Como Obter Foco Para a Concentração)

ISBN 978-1-989837-96-2

Termos e Condições

De modo nenhum é permitido reproduzir, duplicar ou até mesmo transmitir qualquer parte deste documento em meios eletrônicos ou impressos. A gravação desta publicação é estritamente proibida e qualquer armazenamento deste documento não é permitido, a menos que haja permissão por escrito do editor. Todos os direitos são reservados.

As informações fornecidas neste documento são declaradas verdadeiras e consistentes, na medida em que qualquer responsabilidade, em termos de desatenção ou de outra forma, por qualquer uso ou abuso de quaisquer políticas, processos ou instruções contidas, é de responsabilidade exclusiva e pessoal do leitor destinatário. Sob nenhuma circunstância qualquer, responsabilidade legal ou culpa será imposta ao editor por qualquer reparação, dano ou perda monetária devida às informações aqui contidas, direta ou indiretamente. Os respectivos autores são proprietários de todos os direitos autorais não detidos pelo editor.

Aviso Legal:

Este livro é protegido por direitos autorais. Ele é designado exclusivamente para uso pessoal. Você não pode alterar, distribuir, vender, usar, citar ou parafrasear qualquer parte ou o conteúdo deste ebook sem o consentimento do autor ou proprietário dos direitos autorais. Ações legais poderão ser tomadas caso isso seja violado.

Termos de Responsabilidade:

Observe também que as informações contidas neste documento são apenas para fins educacionais e de entretenimento. Todo esforço foi feito para fornecer informações completas precisas, atualizadas e confiáveis. Nenhuma garantia de qualquer tipo é expressa ou mesmo implícita. Os leitores reconhecem que o autor não está envolvido na prestação de aconselhamento jurídico, financeiro, médico ou profissional.

Ao ler este documento, o leitor concorda que sob nenhuma circunstância somos responsáveis por quaisquer perdas, diretas ou indiretas, que venham a ocorrer como resultado do uso de informações contidas neste documento, incluindo, mas não limitado a, erros, omissões, ou imprecisões.

Índice

Parte 1 1

Introdução 2

Capítulo 1 - O Homem Na Corda Bamba, O Jacaré, O Lobo E O Bebê 6

SOBRE A MULTI-TAREFA 9
CONTROLANDO SEUS MONSTROS: TRUQUES PARA AUMENTAR O FOCO
.... 14
APLICATIVOS PARA A PRODUTIVIDADE 15
MEDICAÇÃO E SUPLEMENTAÇÃO 20
PIRACETAM 21
SUPLEMENTAÇÃO DE DOPAMINA 22
CURCUMINA 23
DHA 24
CITOCOLINA 24
ACETILCARNITINA 25
GINKGO BILOBA 26
VITAMINAS 27
TÁTICAS CORPORATIVAS POPULARES PARA AUMENTAR O FOCO NO TRABALHO 30
TRABALHE MAIS QUANDO TRABALHAR O SEU MELHOR 31
BLOQUEIO DE TEMPO 34
QUEBRANDO TAREFAS LONGAS, CHATAS OU DIFÍCEIS 37
ALIMENTE SUA CRIATIVIDADE 38

Capítulo 2 - Ladrões De Tempo 41

IMPLEMENTE APLICATIVOS DE REDUÇÃO DE DISTRAÇÕES 46
TÁTICAS CORPORATIVAS POPULARES PARA A DIMINUIÇÃO DE DISTRAÇÕES E AUMENTO DA CONCENTRAÇÃO 49
PROGRAME HORÁRIOS PARA DISTRAÇÕES RELACIONADAS AO TRABALHO 50
IDENTIFIQUE E MINIMIZE DISTRAÇÕES VISUAIS 51

Utilize Cortinas 52
Seja Realista No Que Consegue Completar Diariamente 53
Implemente Uma Rotina 54

Capítulo 3 - Por Que Fazer Hoje...? 56

Por Que As Pessoas Procrastinam? 58
Como As Pessoas De Sucesso Fazem? 59
Delegação 60
Pergunte A Um Expert 61
Cumpra As Tarefas Mais Importantes Primeiro 62
Implemente Aplicativos De Redução De Procrastinação 63
Mudanças Na Vida Para Acabar Com A Procrastinação 67
Táticas De Negócios Para A Redução Da Procrastinação 71
A Regra Dos Dois Minutos 71
Um Projeto Por Vez 72
A Importância Das Deadlines 73
De Pouco A Pouco 73
Prêmios Pelo Seu Progresso 74

Capítulo 4 - Conexão Corpo-Mente 76

Entendendo O Básico 77
Crise Energética Humana 78
Funcionamento Danificado Do Cérebro 79
Implemente Aplicativos De Hábitos Saudáveis 82
Mudanças De Vida Para Melhorar Sua Saúde 85

Capítulo 5 - Olhos À Frente 90

Implemente Aplicativos Para Alcançar Objetivos 91
Táticas Corporativas Populares Para O Cumprimento De
Metas 95
Foque Em Um Só Objetivo Por Vez 95
Reavaliação 96
Utilize A Abordagem S.M.A.R.T 97
Use Locke E Latham Como Referências 99
Estabeleça Objetivos E Resultados Chave 101

Capítulo 6 - Como A Motivação Impacta O Foco 104

O QUE É A MOTIVAÇÃO? 105
A CONEXÃO ENTRE A MOTIVAÇÃO E O FOCO 106
IMPLEMENTE APLICATIVOS DE MOTIVAÇÃO 107
OUTRAS TÁTICAS PARA MELHORAR A MOTIVAÇÃO 110
PRATIQUE A POSITIVIDADE 111
UTILIZE A VISUALIZAÇÃO 111
TENTE REINICIAR 112
LIBERTE SEUS MEDOS 113
TÁTICAS POPULARES DE EMPRESAS PARA AUMENTAR A MOTIVAÇÃO 114
UTILIZE INCENTIVOS 114
RECONHEÇA REALIZAÇÕES 115
EVENTOS, CONVENÇÕES E EXTENSÃO DA EDUCAÇÃO 115

Capítulo 7 - Aumentando Sua Capacidade De Atenção ... 117

POR QUE A ATENÇÃO É IMPORTANTE? 118
HABILIDADES QUE VOCÊ PODE USAR PARA AUMENTAR SUA CAPACIDADE DE ATENÇÃO 123
ACOMPANHE O RELÓGIO 124
TÁTICAS POPULARES DE NEGÓCIOS PARA AUMENTAR A CAPACIDADE DE ATENÇÃO 125
TIRE MOMENTOS DE INTERVALO E TRABALHE DEVAGAR! 126
ELIMINE DISTRAÇÃO DESNECESSÁRIA 127

Capítulo 8 - A Conexão Entre O Estresse E O Foco 129

O QUE VOCÊ PODE FAZER PARA DIMINUIR SEU NÍVEL DE ESTRESSE? 131
CRIE UM SISTEMA DE SUPORTE 132
COMA DE FORMA SAUDÁVEL 133
EQUILIBRE O TRABALHO E A VIDA PESSOAL 134
APLICATIVOS PARA REDUÇÃO DE ESTRESSE 135
TÁTICAS CORPORATIVAS PARA A REDUÇÃO DO ESTRESSE 138
EQUILÍBRIO DE AGENDA 139
INTERVALOS OBRIGATÓRIOS 140
COMUNIQUE-SE! 141
ASSEGURE-SE DE QUE HÁ UMA OPORTUNIDADE DE CRESCIMENTO 142
PROCURE AJUDA E AJUDE 143

Conclusão 145

Parte 2 147

Introdução 148

Capítulo 1 151

Mito: Pode Fazer Tudo Sozinho 151

Capítulo 2 155

Mito: Para Ser Mais Realizado, Tem De Se Levantar Cedo
.... 155

Capítulo 3 159

Mito: Multitarefas É Uma Ideia Terrível 159

Capítulo 4 163

Mito :Trabalhar Mais Horas É Uma Forma De Fazer Mais 163

Capítulo 5 168

Mito: Dizer "Sim" A Todas As Oportunidades 168

Capítulo 6 172

Mito: Pessoas Produtivas Trabalham A Partir De Uma Lista De Tarefas. 172

Capítulo 7 176

Mito: E-Mail É A Maneira Mais Eficaz De Comunicar 176

Capítulo 8 179

Mito: Estar Ocupado É O Mesmo Que Ser Produtivo 179

Capítulo 9 182

Mito: Cada Minuto Que Perde A Planear Poupa Dez Na Execução 182

Capítulo 10 186

Mito: Trabalhe De Forma Mais Inteligente, Não Mais Difícil 186

Conclusão 188

Parte 1

Introdução

Você já se perguntou como os outros têm tanto foco e conseguem mais coisas que você? Você sabe, aquelas pessoas que se destacam na multidão porque conseguem cumprir seus objetivos. Você também quer pegar o caminho mais rápido? Não vou te culpar se quiser. Todos temos dificuldade de conseguir acompanhar essa corrida de ratos, mas às vezes nossa tática de gerenciamento de tempo e falta de concentração acabam atrapalhando o nosso caminho para o sucesso. Se isso soa como você, não se preocupe. Com esse livro, você irá aprender como melhorar a sua concentração e alcançar um nível de produtividade altíssimo. Em pouco tempo, você também será a pessoa que se destaca, mas pelos motivos corretos.

Enquanto "Como Conseguir um Foco Inabalável para Aumento de sua Produtividade e Concentração" te leva em uma jornada de auto-descoberta, você irá rapidamente entender onde vem errando e irá aprender como implementar a mudança. Logo, irá descobrir novas formas de melhorar o seu nível de concentração. Sua habilidade de encontrar e ultrapassar dificuldades e problemas também aumentará drasticamente. Você aprenderá a focar sua atenção em detalhes que passavam despercebidos ao passar por trabalhos ou que eram ignorados porque pareciam muito desafiadores. Você irá descobrir como pode evitar interrupções que minimizam sua produtividade, roubando ao menos 6 horas de cada dia de trabalho! Você também irá aprender a evitar a procrastinação, uma das grandes causas de negócios perdidos e dinheiro extra para trabalhadores atualmente.

Nos próximos capítulos, dividimos com você soluções de produtividade que funcionam; soluções que irão se encaixar no seu estilo de vida, e soluções que se provaram inestimáveis para o sucesso de CEO's e empresários no mundo inteiro. Dividido entre subseções fáceis de localizar, essas soluções são otimizadas não somente para o seu prazer de leitura, mas também para que mais tarde você possa voltar e referenciar tais seções de seu interesse facilmente. Enquanto começa a leitura, você irá logo descobrir que esse método de organização não é uma coincidência: é um simples método que irá ajudá-lo a focar e mirar nas suas áreas de problema enquanto começa a reestruturar e organizar sua maneira de produzir.

Capítulo 1 - O Homem na Corda Bamba, o Jacaré, o Lobo e o Bebê

Imagine um homem em cima de uma corda bamba. A corda está em um grande desfiladeiro. O homem não está tão preocupado porque sabe que tem um bom equilíbrio e já andou em uma corda bamba antes. Então, o homem olha para baixo. Abaixo dele, em águas fundas há um grande jacaré abrindo e fechando suas mandíbulas. O homem começa a suar. Ao levantar os seus olhos para focar, ele não consegue não pensar no jacaré abaixo. Seu coração começa a acelerar e ele começa a balançar na corda bamba. Logo que foi dar o segundo passo, ele ouve um alto rugido atrás dele e sabe que é de um lobo. Ele não olha para trás, mas enquanto fica em pé na corda, ele ouve o alto barulho do ranger de dentes. O jacaré rangendo os dentes, o lobo rugindo, e a necessidade de manter o equilíbrio começou a pesar no homem. Enquanto sente o receio de cair, a inabilidade de voltar atrás e a necessidade de manter o seu equilíbrio, ele começa a sentir ainda mais pânico. Logo, o homem encontra-se preso e não progride por causa de seu medo de cair e voltar e desistir não é uma opção. Ao pensar em desitir de toda a esperança, o homem vê um bebê no outro lado do desfiladeiro. O bebê está sozinho e engatinhando rapidamente em direção à borda do canyon. De repente, o homem começa a seguir em frente. No início, seus passos são curtos e ele segue devagar, mas gradualmente ele começa a dar passos maiores e logo ele está no outro lado do desfiladeiro, com a criança salva em seus braços.

Na estória acima, o homem teve sucesso em atravessar o desfiladeiro, mas por quê? E por que ele não conseguia antes? Enquanto estava em pé na corda, sem poder se mover, ele sentia receio tanto por sua vida quanto pela vida da criança, mas por que, em um momento ele conseguiu seguir em frente e não no outro? A simples resposta é - a capacidade do cérebro humano para a multitarefa.

Sobre a multi-tarefa...
Quando pedimos ao cérebro humano que cumpra uma multi-tarefa, ou focar em múltiplos itens importantes ao mesmo tempo, estamos dividindo os recursos que o cérebro tem para trabalhar. Por exemplo, enquanto o homem estava na corda bamba, ele estava focado em não somente passar pelo desfiladeiro, porém também focado no jacaré abaixo dele e no lobo atrás dele. O quanto mais ele se concentrava nessas outras coisas, menos o homem era capaz de se concentrar em andar pela corda bamba se forma segura. Porém, quando o homem viu o bebê engatinhando até a beira do desfiladeiro,

seu único ponto de concentração foi o bebê. Ao focar toda a sua atenção e esforço no bebê, o homem atravessou a corda bamba e o salvou. Por quê? Porque não havia distrações, nada mais roubando de seus recursos limitados.

Então, o que essa estória tem a ver com você... ou com qualquer coisa? Bem, no exemplo acima, quanto menos pontos de foco o homem tinha, mais sucesso ele tinha ao progredir. O mesmo conceito se aplica a tarefas usuais. Embora algumas pessoas dizem ser ótimas em multi-tarefas, cientistas discordam. O cérebro humano pode somente se concentrar em uma quantidade limitada de informações ao mesmo tempo e quando você multi-tarefa, está pedindo ao cérebro que exceda o limite. Em outras palavras, você está pedindo ao cérebro que foque no lobo, no jacaré, e em manter seu equilíbrio. Quando isso acontece, o resultado é a falta de progresso. Você pode não estar enfrentando uma corda bamba, um jacaré e um lobo, mas o mesmo princípio de concentração se aplica. Se você tenta completar sua apresentação de PowePoint falando com seu assistente pessoal sobre uma reunião na próxima semana, e considerando que candidato contratar para uma posição na sua empresa, você está pedindo muito do seu cérebro. Para ter progresso, você precisa focar no bebê, o único projeto que pede sua atenção imediata. Quando aquele projeto for completado, você terá um projeto completo com sucesso e será capaz de focar no próximo "bebê."

Isso parece uma solução simples para progredir e controlar seu tempo apropriadamente, mas então por que não é? O problema com a sociedade atual é que convencemos a nós mesmos que devemos focar em mais de uma coisa. Obviamente, não na forma de jacarés e lobos, e não necessariamente na forma de múltiplos projetos de negócio. Quantas vezes você esteve em uma reunião e escutou um telefone começar a tocar? Essa é uma distração comum no nosso dia-a-dia. Embora não percebamos que essa é uma distração, está tirando nossa habilidade de focar na tarefa em mãos. Essa divisão de foco quebra a nossa concentração e tira da nossa produtividade. Coloca a atenção do nosso cérebro para o jacaré abaixo enquanto tentamos nos forçar a focar na tarefa em mãos mesmo quando apenas 50% dos recursos estão livres.

Por que tudo isso é importante? Bem, pesquisas mostram que o cérebro humano leva mais tempo para focar na tarefa principal depois de uma interrupção ou distração. Isso significa que se você leva dez minutos para começar a escrever sua apresentação, vai levar ao menos vinte minutos para voltar a ela depois de uma distração. Quando adicionado durante o dia, esse período de vinte minutos que é levado concentrando-se em outras tarefas rapidamente nos tira a produtividade no trabalho. Essa distração da produtividade pode ser refletida em sua habilidade de finalizar um projeto por conta de tentar progredir em três diferentes projetos ou pode se refletir em pouca qualidade de trabalho como resultado de ser pressionado por tempo e não ter atenção a detalhes como resultado de foco dividido.

Então, se o cérebro não é capaz da multi-tarefa, nos deparamos com pedidos de multi-tarefas todos os dias; o que podemos fazer para garantir que esses jacarés e lobos não roubem nosso foco?

Controlando seus Monstros: Truques para Aumentar o Foco

Os monstros da distração estarão sempre esperando, então para aumentar nossa produtividade precisamos antecipar sua aproximação. Há diversas maneiras que podemos fazê-lo, ao melhorar nosso foco em tarefas primárias e ao acabar com os monstros da distração. Veja como você pode implementar tais táticas.

Aplicativos Para a Produtividade
Uma grande porção do tempo que desperdiçamos diariamente é gasto em smartphones, tablets e computadores; checando emails, ligando para amigos, respondendo a mensagens, jogando etc. Então, se vamos ficar grudados nessa tecnologia por tanto tempo, por que não usá-la como uma ferramenta para a produtividade ao invés para a distração?

Há uma grande quantidade de aplicativos para smartphones, tablets e computadores de mesa que foram feitos pensando na produtividade dos negócios. Enquanto todos os aplicativos que dividiremos abaixo diferem um do outro de alguma forma, todos compartilham do objetivo de aumentar a concentração, foco e produtividade do negócio. Vamos ver os cinco melhores aplicativos de produtividade.

1. Omnifocus- Omnifocus é um dos aplicativos de produtividade mais recomendados. Disponível grátis, assim como uma versão paga, *omnifocus* fornece uma plataforma para gerenciar todos os aspectos da vida, no entanto, de uma forma que o pessoal e o trabalho não se misturem. Controle projetos, acompanhe suas tarefas,

listas, lembre-se de planos de viagem e saiba o que seu dia reserva para você antes de começá-lo.

2. RescueTime -*RescueTime* é um aplicativo grátis ou pago que tem sido utilizado por algumas das empresas mais bem sucedidas. O aplicativo diz ser capaz de "recuperar" quase quatro horas de tempo desperdiçado por pessoa, durante a semana em usuários que o utilizam para voluntariamente bloquear websites que desperdiçam seu tempo. *RescueTime* também tem um rastreador de tempo para que os usuários possam ver onde seu tempo desperdiçado está indo a cada dia e usar essa informação para bloquear esses websites.

3. Wrike - *Wrike* é um gerenciador de projetos que está disponível como um aplicativo grátis ou num plano pago, dependendo de sua necessidade. *Wrike* é um sistema completo que te ajuda a salvar tempo, aumentar foco e produtividade, ao manter todas as informações relevantes para projetos em um só lugar. Evite pular de site em site e se distrair porque *Wrike* tem controlador de tempo, gerenciador de tarefas, notícias em tempo real, integração de serviços populares como o *Dropbox* e *Google Drive*, capacidade de discussão, serviços de colaboração de documentos e relatório customizado.

4. Sound Curtain - *Sound Curtain* custa $4,99 e promove produtividade no local de trabalho ao implementar uma combinação de barulho neutro e som harmônico. Utilizar esse aplicativo com um fone de ouvido diminui barulhos em excesso no escritório e previne distrações, para que você possa finalizar seu trabalho.

5. Cue - Um aplicativo grátis, *Cue* aparenta ser um calendário e organizador, mas é na verdade muito mais. Mais parecido com seu computador, *Cue* organiza e conecta todas as suas contas online, como de mídias sociais e contas de email, *Dropbox*, informação de empresa aérea e seu calendário. Pense nele como um organizador pessoal para organizar suas distrações, para que você pode finalizá-las todas de uma vez só.

Medicação e Suplementação
Medicamentos e suplementos não são para todos, principalmente se você já estiver tomando remédios (que no caso, você deve SEMPRE consultar seu médico antes de adicionar qualquer medicação ou suplementos a sua dieta.) Quando medicamentos e suplementos são possíveis, podem ajudar a manter seu cérebro saudável, aumentar a claridade mental, memória e manter saúde corporal completa - todos itens chave em produtividade no trabalho.

Piracetam
Piracetam talvez seja um dos suplementos mais recomendados quando falamos de aumento da produtividade no trabalho. Ao contrário de drogas prescritas, Piracetam não precisa de prescrição médica e tem sido utilizada para aumentar o poder do cérebro desde 1978. Piracetam é um tipo de suplemento também conhecido como racetam. Racetams fucionam estimulando os receptores de acelticolina no cérebro. Ao aumentar a ação da acelticolina no cérebro, Piracetam melhora a concentração, aumenta a memória, tempos de reação e sensibilidade a estímulos. Um benefício adicional do Piracetam é que também tem a habilidade de reduzir a ansiedade, que se torna

produtividade aumentada em indivíduos que podem ficar mais lentos quando ansiosos.

Suplementação de Dopamina

Drogas que aumentam a produtividade ao agir no neutransmissor Dopamina são drogas prescritas e seu uso deve ser sempre monitorado por um profissional médico. Sendo assim, para indivíduos sofrendo de baixa de dopamina, essas drogas podem prover aumento temporário da produtividade ao aumentar o foco e energia. O estímulo da dopamina no cérebro é a resposta perfeita para os problemas de produtividade para algumas pessoas, mas é sempre importante notar que esses tipos de drogas têm efeitos colaterais. Se você acha que precisa de dopamina prescrita como Ritalina ou Adderall, discuta as vantagens e desvantagens do uso desse tipo de medicação com o seu médico. É também necessário discutir o uso desses medicamentos com empregados em alguns casos, porque enquanto aumentam a performance, eles podem também criar efeitos não desejados que podem se tornar um problemas em alguns empregos, como um piloto de um 787.

Curcumina
Curcumina é um ingrediente natural encontrado no tempero açafrão. Curcumina não apenas é um antioxidante, anti-inflamatório, antibacteriano, anti-câncer, anti-vírus e propriedades anti-fungo, mas também nota-se que aumenta

a serotonina e dopamina, quebra placas do cérebro associadas a algumas doenças neuro-degenerativas, e aumenta o fluxo sanguíneo cerebral.

DHA
DHA ou ácido docosa-hexaenóico é um suplemento incrivelmente importante para o cérebro humano; tanto que é geralmente incluso em fórmulas para bebê. Um ácido ômega-3, DHA é apenas uma das peças que constroem o córtex do cérebro - sendo assim, a área responsável pela atenção, criatividade, linguagem, comunicação das células cerebrais, movimento, e memória.

Citocolina
Citocolina é um químico encontrado dentro do cérebro humano. Responsável

por diversos papeis, incluindo a diminuição da inflamação, danos causados pelos radicais livres, aumento da energia cerebral, plasticidade no cérebro, aumento da concentração, aumento da atenção, foco e níveis de dopamina e acetilcolina no cérebro. A citocolina tem sido utilizada como tratamento suplementar por doutores europeus por anos no tratamento de doenças neurológicas.

Acetilcarnitina
A acetilcarnitina é outro aminoácido que protege o cérebro de danos causados pelos radicais livres através de suas propriedades anti-oxidantes. A acetilcarnitina age no cérebro ao aumentar a sensibilidade das células

cerebrais à insulina, que as permite utilizar a glucose de forma mais eficiente para aumentar o funcionamento do cérebro. Não somente a acetilcarnitina funciona como um anti-depressivo natural, mas também ajuda no humor, claridade mental, memória. Aumenta o foco e a velocidade de processamento. Essas características e sua rapidez de agir torna a acetilcarnitina um ótimo suplemento para o aumento da produtividade.

Ginkgo Biloba
O extrato de ginkgo biloba tem sido utilizado em medicina tradicional como uma forma de aumentar a circulação do sangue, como também para a proteção do cérebro contra os danos causados pelos radicais livres. Por muitos anos, o ginkgo

também foi dito ter a habilidade de aumento de memória, no entanto, estudos mais recentes revelam que isso talvez não seja verdade. Sendo verdade ou não, não há dúvida de que as propriedades anti-oxidantes e circulatórias do ginkgo são ainda beneficiais para considerarmos ele um ótimo suplemento para o aumento da produtividade no geral.

Vitaminas
Enquanto num mundo ideal todos comeríamos uma dieta tão variada que não precisaríamos tomar um multi-vitamínico, esse não é o mundo ideal. A verdade é que comemos uma dieta com muitas sementes, açúcares, proteínas e poucas frutas e vegetais. E mesmo quando comemos frutas e vegetais, são raramente

variadas e quase sempre cozidos demais, o que deixa poucos nutrientes neles. Então, é necessário que incorporemos uma vitamina de qualidade em nossa dieta diária.

Você pode estar se perguntando o que uma vitamina diária tem a ver com sua habilidade de ser produtivo. A resposta está em nutrição balanceada, Vitamina D, e Vitamina B. Para que nossos corpos funcionem corretamente e no seu melhor, necessitam de certas vitaminas e minerais que nutrem células, tecidos e órgãos. Sem essas vitaminas e minerais em quantidades adequadas, começamos a experienciar sinais de deficiência. Os sintomas da deficiência de vitaminas dependem da vitamina que está em falta, mas as mais comuns que afetam a produtividade através do seu impacto no cérebro incluem:

- **Complexo B**, que ajuda a prevenir sinais de envelhecimento do cérebro, previne a perda de memória, ajuda com a clareza de pensamentos, e na produção de neurotransmissores.
- **Vitamina C**, que é conhecida como a "vitamina da memória." A Vitamina C é conhecida por melhorar a memória, aumentar o QI, lutar contra os sinais de envelhecimento do cérebro e diminui a criação do cortisol - hormônio relacionado ao estresse.
- **Vitamina D**, que ajuda a prevenir o declínio cognitivo associado com o envelhecimento, aumenta nossa

habilidade para resolver problemas e aumenta a memória.

- **Vitamina E**, que é conhecida pelo seu papel na saúde do coração, mas também é usada comumente para manter a saúde do cérebro. A Vitamina E é ótima na prevenção do declínio mental causado pela idade.
- **Vitamina K**, que ajuda a manter a nitidez mental e aumenta a memória (particularmente para palavras.)

Táticas Corporativas Populares para Aumentar o Foco no Trabalho

Aplicativos de produtividade, suplementos, vitaminas e medicamentos são ótimas maneiras de melhorar o foco, porém as táticas corporativas que vamos ver a seguir também são. Abaixo você irá encontrar algumas das estratégias para o foco com maior reputação e implementadas em grandes corporações ao redor do mundo.

Trabalhe Mais Quando Trabalhar o Seu Melhor

Em qualquer atmosfera de trabalho, haverá momentos no seu dia em que as interrupções serão menores e momentos em que elas serão maiores. Ao prestar atenção à rotina do seu escritório, você será capaz de saber os momentos em que sua concentração e foco serão mais desafiados. Entender essa programação de distrações vai permitir que você planeje melhor sua quantidade de trabalho para cada item da sua lista. Por exemplo, se você tem uma importante apresentação para formular que requer sua total atenção, você deve fazê-la durante um período em que o escritório estiver mais quieto - como durante o almoço, enquanto você adia seu horário de almoço para outro momento. Em outro exemplo de um negócio que implementou estratégia parecida, o trabalhador mais efetivo no prédio inteiro trabalhava até mais tarde toda noite e chegava mais cedo todos os dias. Sua razão para isso era bem simples - nas horas antes dos outros funcionários chegarem ao escritório e antes que o telefone começasse a tocar, ele era capaz de finalizar suas tarefas que necessitavam de maior atenção. Então, quando começavam a chegar ao escritório, as tarefas que estavam a ser feitas eram as que precisavam de menor concentração e poderiam ser completadas mesmo com a presença de distração. Durante a noite, ele utilizada uma hora extra para acessar o trabalho do dia seguinte em completo silêncio, capaz de pensar somente nisso. Esse método de planejamento também assegurava produtividade para o dia seguinte. Claro, nem todo mundo vai estar pronto ou vai querer trabalhar antes ou depois das horas de trabalho, mas o princípio continua o mesmo. As tarefas que mais demandam atenção são feitas durante o período de menor distração, para que o foco continue, tarefas possam ser completas com sucesso e a qualidade pode ser mantida.

Bloqueio de Tempo
Bloqueio de tempo é uma tática simples para eliminar qualquer distração em excesso que ocorra no trabalho e resulte em pouco foco. Então, como um bloqueio de tempo funciona? Ao invés de modificar seu planejamento para trabalhar juntamente às distrações no escritório, o bloqueio é um acordo com seu chefe ou colegas de trabalho, para prevenir distrações. Um bloqueio de tempo estabelece um certo horário do dia em que seu escritório ou sua mesa é fechada para visitas. Durante esse período, seus colegas de trabalho e seu chefe sabem que não devem perturbá-lo, exceto numa emergência. Se você está preocupado que essa técnica vai chatear seus colegas de

trabalho, considere ser honesto com eles. Discuta a complexidade do seu trabalho e eles irão ver que você tem uma razão válida para tomar essa decisão. Para manter a eficiência de um período de bloqueio de tempo, peça a seu assistente que atenda suas ligações, ou se você não tem um, simplesmente desligue o seu celular e diminua o volume do toque de seu telefone.

Assegure-se de permitir tempo o suficiente para finalizar as tarefas que precisam ser completas durante o bloqueio de tempo. Force-se a focar somente no projeto em mãos. Esse método permite que você tenha um período específico de tempo produtivo para finalizar essas tarefas mais complicadas em silêncio, e deixa o resto do seu dia para as tarefas menos complicadas.

Uma grande aplicação desse bloqueio seria num escritório onde o pagamento é complexo. Havendo um bloqueio de tempo onde ninguém é permitido falar com quem está responsável pelo pagamento durante o período de pagamentos previniria qualquer distração e possível erro que poderia ser resultado dessa distração.

Você pode ver nesse exemplo que o bloqueio funciona, porém somente se for planejado antecipadamente. Planeje o trabalho que precisa ser completo durante esse período para que não necessite de nada como lanches ou água. Então, tudo o que precisa fazer é se concentrar no trabalho em mãos e verá que seu foco estará no melhor.

Quebrando Tarefas Longas, Chatas ou Difíceis

Quando a tarefa em mãos é longa, chata ou difícil, é fácil perder o foco. Quanto mais você trabalha em uma tarefa em particular, mais frustrante ela pode se tornar. Eventualmente, você se encontrará num lugar onde não está tendo nenhum progresso e terá perdido seu foco completamente. Você pode evitar que isso aconteça ao quebrar essa tarefa em menores períodos de tempo, tarefas menores. Por exemplo, se você antecipar que uma tarefa levará duas horas para ser feita, tente parti-la em momentos de 30 minutos. Não sabe quando mudar para outro projeto ou descansar? Deixe o conteúdo do seu trabalho ditar o momento de descanso. Quando vir que não está progredindo e está se distraindo facilmente, é o momento de parar e voltar quando for capaz de focar novamente. Apenas assegure-se de que não se distrairá quando tirar esse intervalo.

Alimente sua Criatividade
Você talvez tenha notado tendências em grandes empresas que disponibilizam uma atmosfera criativa para seus funcionários. Essas empresas oferecem lugares para descanso, quadras de basquete, bares de vitamina, aquários, e mais, mas por quê? Essas coisas encorajam os empregados a relaxarem e serem mais criativos. Essa

mudança no comportamento não somente melhora a criatividade, mas também oferece uma saída para o estresse. Quando o estresse é reduzido e a criatividade é aumentada, fica mais fácil manter o foco e a dedicação a um projeto. Então o que fazer quando sua empresa não oferece esses tipos de solução? Há muito que pode ser feito para criar suas próprias saídas criativas, mesmo no trabalho. Utilize brinquedos, livros inspiracionais, ande pelo escritório, faça uma reunião numa cafeteria e traga atividades sociais para os projetos. Qualquer ou todas essas ideias irão introduzir um nível de criaitividade nos projetos, aumentando a dedicação de participantes e seu foco, quando quebra o padrão normal da atividade.

Capítulo 2 - Ladrões de Tempo

Ser capaz de manter o seu foco é ser capaz de identificar um ladrão de tempo e o que fazer quando o identifica. Como distrações no escritório, ladrões de tempo imploram por sua atenção e interrompem sua concentração, deixando mais difícil voltar para a tarefa em mãos. Porém, o que exatamente é um ladrão de tempo? Como o nome já sugere, um ladrão de tempo é qualquer coisa que rouba seu tempo limitado no planejamento. Pode ser um colega de trabalho que constantemente fala sobre seu novo relacionamento ou sobre o mais novo desastre em sua vida, pode ser o tempo gasto no bebedouro, que você não consegue evitar de visitar a cada hora. Uma coisa que tudo isso tem em comum é que estão todas demandando sua atenção e acabando com sua concentração.

Mas, ladrões de tempo são realmente tão importantes assim? Afinal, alguns minutos visitando aquele website com as mais novas promoções ou alguns minutos ouvindo seu colega de trabalho... não é tão ruim assim, certo? São apenas alguns minutos.

A verdade é que sim; ladrões de tempo são importantes! Se você passa oito horas por dia no trabalho e dez minutos a cada hora com um ladrão de tempo, são oitenta minutos (ou uma hora e vinte minutos) cada hora que você não está trabalhando. Uma hora e vinte minutos que você poderia estar utilizando para escrever aquele contrato, escrever um discurso ou finalizar aquela proposta. Uma hora e vinte minutos que você não tem que trabalhar a mais em casa para poder finalizar os projetos que não são feitos por conta dos ladrões de tempo, que não servirão como justificativa do porquê não superou as expectativas do mês...

Tempo é o que perdemos quando permitimos esses ladrões em nossa vida? E a concentração? Quando permitimos que ladrões de tempo entrem em nossa vida profissional, não perdemos somente aqueles dez minutos a cada hora, mas também perdemos a nossa concentração nos projetos. Essa perda de concentração causa uma perda de fluidez em nosso trabalho, e também adiciona um atraso quando voltamos para o mesmo e temos que nos concentrar novamente no item que estávamos trabalhando. Então, o que podemos fazer para evitar sucumbir a esses ladrões de tempo? Como podemos manter nossa concentração no trabalho e não nos distrair com aqueles websites, colegas e conversas no bebedouro?

No último capítulo falamos sobre utilizar técnicas como o bloqueio de tempo para eliminar distrações no escritório e evitar interrupções. Essa técnica se prova particularmente efetiva quando uma distração é controlável, como um colega de trabalho ou chefe que continua a interromper seu fluxo de trabalho. O bloqueio de tempo permite que você controle o seu tempo ao limitar outros. Esse método de aumento de foco não funciona sempre com os ladrões de tempo, já que alguns deles são causados por nós mesmos. Nós escolhemos visitar aquele wesbite e desperdiçar tempo; nós escolhemos checar o nosso e-mail regularmente e escolhemos permitir que nossa concentração seja divergida. Então, como podemos forçar a prática do bloqueio de tempo com nós mesmos? Durante o resto desse capítulo iremos ver métodos comprovados que reduzir ou eliminam esses ladrões de tempo causados por nós mesmos.

Implemente Aplicativos de Redução de Distrações

Quando falamos sobre perder o foco no local de trabalho como resultado de distrações, introduzimos a ideia de utilizar aplicativos para o smartphone, tablet e computador. Felizmente, também há um grande número de aplicativos pensados para o gerenciamento de distração pessoal e aumento do foco no escritório. Esses aplicativos funcionam ao alterar hábitos atuais, estabelecendo novos hábitos e aplicando auto-controle.

1. Freedom - Um aplicativo grátis ou pago para seu telefone e computador. Freedom foi pensado para eliminar distrações de websites e aplicativos. Ao bloqueá-los por um certo período de

tempo, Freedom aumenta a concentração e elimina a chance da perda da mesma como um resultado dos ladrões de tempo que nós mesmos criamos.

2. Isolator - Pensado para aumentar o foco, Isolator é uma ferramenta grátis que esconde todos os ícones e janelas com exceção das que estão sendo utilizadas no momento. Isso ajuda a evitar clicar naquele e-mail mais uma vez, já que não poderá vê-lo! Isolator é um software simples para trabalho, mas é um dos poucos que funcionam no Windows e Mac. Se você usa o Mac, irá encontrar Think, Quiet e Haze Over similares ao Isolator, e específico para o Mac.

3. Focus Booster - Disponível com planos grátis e premium, Focus Booster é um aplicativo pensado para ajudá-lo a controlar seu trabalho, ao agendar tarefas em períodos de tempo de 25 minutos (ou períodos maiores, ou menores.) Após cada período, um pequeno intervalo é permitido antes de mudar para o próximo período. Esse aplicativo não deixa brecha para tempo desperdiçado e uma sensação de dever cumprido depois do fim de cada tarefa.
4. Stay on Task - Um aplicativo grátis ou pago, Stay on Task foi feito para manter seus usuários focados em suas tarefas de forma mais gentil do que os outros aplicativos que são um pouco mais agressivos. Semelhante a ter uma mãe

falando no seu ouvido, Stay on Task trabalha checando em horários agendados para certificar que você ainda está focado em sua tarefa.

5. Stickk - Um aplicativo incomum, porém efetivo, tem a ideia de apostar no seu próprio sucesso. Usuários literalmente criam um objetivo, colocam as expectativas, um juiz em seu "caso" e pode também adicionar amigos para dar suporte. O objetivo do jogo é se divertir enquanto aumenta sua produtividade.

Táticas Corporativas Populares para a Diminuição de Distrações e Aumento da Concentração

No primeiro capítulo, vimos táticas de negócios para aumentar o foco e a produtividade. Como acontece, também há um grande número de táticas para diminuir distrações no trabalho. Nessa sessão veremos algumas delas.

Programe Horários para Distrações Relacionadas ao Trabalho

Aumente sua concentração em tarefas ao programar horários no dia para trabalhar em distrações relacionadas ao trabalho. Ao invés de checar seu email regularmente durante o dia e desperdiçar dez minutos aqui e ali, programa um curto período no início e fim do dia para poder ver seus e-mails. Esse tipo de abordagem é chamado de trabalho proativo, onde você já tem um plano para enfrentar as distrações diretamente relacionadas ao trabalho, ao invés de permitir que essas distrações ditem sua programação e interrompam sua concentração.

Identifique e Minimize Distrações Visuais
Assim como a tecnologia pode nos distrair e roubar nosso tempo, distrações visuais fazem também o mesmo. Para evitar distrações visuais no trabalho, preste atenção ao seu local imediato de trabalho. Remova itens que distraem de sua mesa, feche sua porta caso seja apto a se distrair com colegas de trabalho nos corredores, considere mudar para um espaço solitário e quieto para aumentar sua concentração numa tarefa em particular, e assegure-se de manter sua mesa organizada para previnir distração com a quantidade de coisas que nela estiver. Enquanto esses tipos de ladrões de tempo podem não vir

até sua mesa para conversar, podem certamente tomar seu tempo disponível para trabalho e destruir sua concentração.

Utilize Cortinas

Esse parece um conselho peculiar, porém, se já trabalhou em um escritório com uma vista, sabe o quanto cortinas podem ser válidas. Naturalmente, muitos de nós somos observadores e por isso facilmente nos distraímos olhando a vida de outras pessoas. Isso acontece principalmente se estivermos numa posição "endeusada." Essa distração pode facilmente tirar horas do nosso dia se permitirmos, então recomenda-se a utilização de cortinas. Se você não pode ver alguma coisa que o distraia, não estará distraído! Simples assim.

Seja Realista no que Consegue Completar Diariamente

Como mencionado no capítulo 1, somos mais propensos a nos distrair quando nos entediamos com o trabalho que estamos fazendo. Também permitimos a distração quando planejamos objetivos impossíveis de se conseguir no tempo que queremos. Para evitar isso, tente programar sua lista de coisas a fazer na noite anterior e assegure-se de que não estará cobrando demais de si. Todos temos tarefas que devem ser completadas diariamente, mas quando planejamos coisas demais, acabamos nos sentindo sobrecarregados e acabamos nos distraindo mais facilmente. Então, qual a quantidade razoável de trabalho? Bem, isso depende de onde você trabalha, o que faz, e as tarefas que precisa completar no dia. Você sabe sua velocidade de trabalho e deve imaginar ao olhar uma programação quando acabou planejando muita coisa.

Implemente uma Rotina
Você pode ter ouvido ou não sobre a rotina 40:15:5. Uma tática de planejamento de tempo, 40:15:5 se refere à quantidade de tempo dedicado a tarefas específicas. Por 40 minutos você irá trabalhar numa tarefa sem se distrair. Então, por 15 minutos, você pode checar seu e-mail, mensagens de texto, redes sociais, entre outros, se isso for relacionado ao trabalho. Então, finalmente, durante 5 minutos, permita-se recuperar-se dos 55 minutos que

passaram. Ande pelo escritório, alongue as pernas, olhe a vista pela janela e cuide de qualquer necessidade que tenha. Lembre-se, seus 5 minutos não significam os 5 minutos dos seus colegas de trabalho, então não os distraia porque você está aproveitando o seu intervalo na sua programação.

Capítulo 3 - Por que Fazer Hoje...?

As pessoas brincam, "Por que fazer hoje o que você pode fazer amanhã?" e enquanto isso pode ser uma piada, tem muita verdade nela. Esse não é um pensamento construtivo, porém, um pensamento comum. Uma grande quantidade de pessoas que usa a procrastinação como uma técnica para lidar com a vida e tudo o que há nela. A verdade foi dita pelo ator Christopher Parker, quando disse que a "procrastinação é como um cartão de crédito: é divertido até que a conta chegue." Assim como as tarefas que deixamos de lado por conta das distrações, falta de foco e falta de concentração, a procrastinação é simplesmente outra maneira de tornar hoje menos produtivo e amanhã mais exigente.

Todos os dias, muitos de nós sentamos para começar a trabalhar e iniciamos ao fazer uma lista ou ao menos revisando as tarefas que temos para o dia. Quando você é alguém que permite que a procrastinação domine, você inicia seu dia se arrependendo do que não fez no dia anterior. Você enfrenta uma lista com um grande número de tarefas, não somente de hoje, mas também do dia anterior. Porém, a questão é, há algo efetivo que possa ser feito para eliminar a procrastinação para que haja sucesso em nossa vida profissional?

Por que as pessoas procrastinam?
Antes que vejamos algumas táticas corporativas utilizadas para evitar a procrastinação, devemos entender o porquê da procrastinação ser uma prática tão comum. Por que as pessoas deixam as coisas para depois? A razão da procrastinação pode ser variada e depende de muitos fatores, mas a verdade é que procrastinamos simplesmente porque não queremos completar uma tarefa. Claro, os detalhes por trás de não cumprir uma tarefa pode ser o resultado de diversos fatores, mas, no fim das contas, é diretamente ligado à falta do querer. "Mas eu estava ocupado..." você pode dizer. Bem, "ocupado" nada mais é do que uma desculpa para justificar a falta

de vontade, ou falta de motivação. Para ter sucesso no negócio, ou de fato, em qualquer área da vida, deve-se parar de procrastinar, encontrar uma forma de completar as tarefas hoje e deixar o amanhã aberto para o amanhã.

Então, devemos nos perguntar novamente, há algo efetivo que possamos fazer para eliminar a procrastinação para que tenhamos sucesso em nossa vida profissional?

Como as Pessoas de Sucesso Fazem?
Um ótimo modelo a se basear quando pensar em como parar de procrastinar, é o modelo dos grandes empresários de sucesso. O que esses homens e mulheres fazem para evitar procrastinar? Como eles asseguram que no fim do dia todas as

tarefas planejadas foram feitas? Vejamos algumas das táticas mais comumente usadas por empresários poderosos e CEO's ao redor do mundo.

Delegação

Uma tática comum para evitar a procrastinação é delegação. Ao invés de simplesmente deixar para lá uma tarefa que seja particularmente entediante ou fora da sua área, essas pessoas delegam essa tarefa para alguém que possa completá-la. Claro, esse alguém não é qualquer um, é alguém que tenha prazer em fazer essa tarefa, e tenha experiência na mesma. Ao delegar responsabilidades dessa maneira, esses homens e mulheres de negócio estão limpando sua programação para trabalhar em outras tarefas, assegurando-se de que as que são menos prazerosas e mais entediantes ainda sejam completas em tempo hábil. Delegar é o que a maioria dos donos de negócios referem-se quando dizem que você deve "trabalhar de maneira inteligente, não trabalhar muito."

Pergunte a um Expert

Se a tarefa não é algo que pode ser completa quando delegada a alguém, talvez seja algo que possa ser feito com a ajuda de outra pessoa. Encontre um parceiro para completar as tarefas que estão fora de sua área de expertise, ou que são muito complicadas para serem feitas sozinho, é uma ótima maneira de cumprir essa tarefa em tempo hábil.

Cumpra as Tarefas Mais Importantes Primeiro

Outro método comumente utilizado para evitar a procrastinação é priorizar tarefas. Quando olhamos as tarefas que precisam ser cumpridas no dia, esses indivíduos sempre tentam enfrentar as tarefas de maior importânmcia primeiro. Por quê? Pense no seu nível de energia e concentração quando você chega à empresa pela manhã. A preguiça da tarde e a fome do fim da manhã ainda não tentam lutar pela sua atenção. Ao tentar cumprir as tarefas que demandam mais de sua atenção durante esse período de maior foco e energia é a melhor forma de completar sua lista de tarefas. Ao completar as tarefas mais difíceis primeiro pela manhã, você deixa sua tarde livre para que possa completar as tarefas que demandam menos - tarefas que não exigem seu tempo ou o poder do seu cérebro. Ao utilizar essa tática, você não somente finaliza as tarefas, mas também otimiza seus recursos para garantir que as tarefas sejam feitas de forma apropriada.

Implemente Aplicativos de Redução de Procrastinação

Em adição às táticas de resolução de problemas demonstradas acima, também há aplicativos para smartphones, tablets e computadores que foram feitos para eliminar a procrastinação de sua vida. Tirar vantagem desses aplicativos vão te dar um empurrão extra para poder cumprir aquelas tarefas que você não pode delegar, mas que também não quer cumprir.

1. Procraster - Disponível por $0,99, Procraster é um aplicativo único feito para eliminar a procrastinação com o uso de deadlines, prêmios para quando você cumpre essas tarefas, monitoramento de tempo produtivo, e até alertas para ajudá-lo a entender os seus problemas quando se encontra "perdido." Esse é realmente um dos melhores aplicativos para a redução da procrastinação.

2. Beat Procrastination - Disponível por $2,99, o aplicativo foi feito para eliminar a procrastinação ao descobrir a real razão do problema. Ao invés de simplesmente te falar para "ser

melhor" ou pressionando você com datas, esse aplicativo utiliza a hipnoterapia para modificar o comportamento para que a procrastinação se torne uma coisa do passado.

3. [Checker Plus para o Google Calendar](#) - Essa é uma ferramenta grátis que escaneia seu Google Calendar para determinar quanto tempo você tem disponível até o próximo evento. Então ele te dá um tempo estimado para completar as tarefas na sua lista para que você possa programar apropriadamente para que as mesmas possam ser finalizadas antes do próximo evento no seu calendário. Esse aplicativo é para que você faça o

melhor do seu tempo disponível para que possa encaixar tais tarefas em momentos apropriados para que possam ser finalizadas.

4. Chronos - Esse é um aplicativo grátis que tem a aparência de um software de controle de tempo, mas que oferece muito mais que isso. Diferente de outros softwares de controle de tempo mais simples, opções que desencorajam a procrastinação através da consciência do uso do tempo, Chronos foca em desencorajar a procrastinação ao encorajar você a cumprir seus objetivos. Infográficos encorajam tarefas que variam de cumprir objetivos de trabalho a dormir mais durante a semana.

5. Finish - Um aplicativo grátis que mira nas tarefas que precisam ser completas. Esse aplicativo promove o uso da compilação de tarefas, uso de limites de tempo, e o melhor de tudo, evita listas imensas ao focar primeiramente nas listas de tarefas que precisam ser completas.

Mudanças na Vida para Acabar com a Procrastinação

Aplicativos são uma ótima ferramenta para promover aquele empurrão para completar tarefas que você têm procrastinado para não completar. A verdade é que, a procrastinação é um hábito ruim e como qualquer outro hábito ruim, para que ele seja mudado, você deve primeiramente mudar a forma que você se comporta. Parece difícil, mas há algumas mudanças de vida fáceis que você pode fazer para facilitar o seu trabalho e diminuir a procrastinação.

1. **Fazer Listas** - Listas são uma das melhores ferramentas que você pode ter para ajudar a evitar a procrastinação. Utilizando aplicativos ou papel e caneta, fazer listas te ajuda a visualizar o que você precisa completar. Listas também te ajudam a priorizar o que precisa ser feito para que você possa utilizar sua energia de forma melhor durante o dia.

2. **Cerque-se de Pessoas de Sucesso** - Quando você se cerca de pessoas que procuram ter sucesso e sabem a importância de trabalhar hoje para

prover para o amanhã, você também está caminhando para o sucesso. Assim como aprender pedindo dicas e conselhos dessas pessoas de sucesso, mas também você pode se beneficiar ao ter alguém assim ao seu lado.

3. **Encontre Alguém para Ser Seu Modelo a Seguir** - Você pode promover um pensamento de "agir imediatamente" ao encontrar alguém que possa servir de modelo a seguir que já alcançou os objetivos que você quer para si mesmo. Não somente esses indivíduos vão ser capazes de te ajudar a superar obstáculos, mas também vão servir para encorajá-lo a parar de procrastinar e agir agora para que atinja o seu sucesso.

4. **Torne-se um Alguém que Faz -** Há dois tipos de pessoas no mundo, aquelas que fazem e as que não fazem. Se você quer ter sucesso nos negócios, você deve se tornar um alguém que faz. Pare de desperdiçar seu tempo e de se permitir encontrar desculpas do porquê você não pode fazer algo e apenas fazer! Você pode começar aos poucos, ao implementar essa tática em sua vida pessoal, como por exemplo, ao invés de colocar os pratos sujos na pia, tire os pratos limpos da lavadora de pratos e coloque os sujos lá. Pensar em motivos para não fazer algo leva o mesmo tempo que fazer.

Táticas de Negócios para a Redução da Procrastinação

A mudança pessoal é, claro, a raíz para eliminar a procrastinação para sempre. Porém, ter as ferramentas corretas para otimizar seu tempo de trabalho, mirar em seu foco, e reduzir a procrastinação também é importante. Muitos homens e muitas mulheres de negócio utilizam ferramentas e estratégias para alcançar seu sucesso. Vejamos algumas dessas táticas.

A Regra dos Dois Minutos

Baseado num livro de David Allen chamado "Produtividade Pessoal - A Arte da Produtividade Sem Stress," a regra dos dois minutos segue o princípio básico de que "se leva menos de dois minutos para ser feito, faça agora." Essa ideia foi feita para evitar a procrastinação de tarefas menores que vão levar mais tempo ao reclamar delas do que na verdade completá-las. Quando você segue essa simples regra, pode facilmente cortar tarefas básicas do seu dia-a-dia para que possa se concentrar nos projetos mais longos que ainda deve finalizar.

Um Projeto Por Vez
Esse é um conceito que já comentamos quando falamos de otimizar o foco. Uma estratágia que é particularmente comum para homens e mulheres de negócio é de completar um projeto por vez. Enquanto isso aumenta o foco e promove uma finalização dessa tarefa com sucesso e também ajuda a eliminar o sentimento de

estar sobrecarregado, que é o que contribui para a procrastinação.

A Importância das Deadlines
Deadlines são cruciais para a finalização de um projeto com sucesso. Sem planejamento para uma tarefa você está se deixando livre para deixar essa tarefa para depois o quanto quiser. Se um projeto não tem uma data de entrega, crie uma você mesmo e crie lembretes para se assegurar que não irá esquecer de sua deadline quando ela estiver se aproximando.

De Pouco a Pouco
Quando nos encontramos com uma tarefa muito grande, geralmente corremos e nos escondemos. Uma tática que é utilizada comumente em corporações para superar

esse medo é de cortar essas tarefas em pedaços menores. Quando criamos "passos" ou "marcos" para tarefas, automaticamente as deixamos menos sobrecarregadas e temos menor probabilidade de correr… ou nesse caso, procrastinar. Tomar um passo de cada vez nas tarefas as deixa mais fácil de focar, mais rápido de cumprir e também é uma ótima maneira de controlar o nosso progresso.

Prêmios pelo seu Progresso

Um conceito básico, mas que comprovadamente funciona é premiar a si mesmo por ter cumprido algo. Esse princípio é aplicado ao premiar a si mesmo e a outros. Quando o sucesso é premiado, não somente nos sentimos orgulhosos mas também nos condicionamos de forma subconsciente a continuar progredindo para que possamos ser premiados novamente. Então, se você está procurando uma forma de não somente aumentar o foco em projetos, mas também desencorajar a procrastinação, comece a se premiar!

Capítulo 4 - Conexão Corpo-Mente

No capítulo 1 falamos rapidamente sobre como o funcionamento do cérebro influencia nossa habilidade de focar. Porém, essa não é a única forma em que o corpo e a mente estão conectados. Toda tarefa que nos comprometemos a fazer envolve uma confiança em nosso corpo para que completemos a tarefa com sucesso. Nas tarefas físicas e nas que requerem a habilidade de sentar e se concentrar, a conexão entre nosso corpo e mente é de grande importância para o nosso sucesso. Por essa razão que manter a saúde física e mental é uma necessidade quando falamos de dorminar nosso trabalho. Seu foco, sua concentração e seu sucesso são ditados pelo quanto você cuida de si mesmo.

Entendendo o Básico

Muitos de nós entendem o conceito básico da nossa saúde impactar nosso sucesso, por exemplo, quando estamos gripados somos menos capazes de nos concentrar em tarefas e acabamos não tendo sucesso quando tentamos completá-las. Da mesma forma que nossa saúde corporal influencia nossa habilidade de funcionar, nossa saúde mental faz o mesmo. Por exemplo, quando estamos deprimidos ou de luto, nos encontramos preocupados e incapazes de nos concentrar nas tarefas, muito menos completá-las com sucesso! Para que possamos ter sucesso real, devemos manter e monitorar nossa saúde mental e corporal. Um corpo saudável se torna uma menor distração em direção ao sucesso e uma mente saudável é melhor para focar, resolver problemas e completar tarefas.

Crise Energética Humana

Você já notou como se sente após o jantar de ação de graças? Esse é um grande exemplo de crise energética humana. Esse é o resultado de comer demais, comer muitas coisas refinadas e comidas não-saudáveis, e o resultado disso é o nível de açúcar no sangue subindo e descendo. A mesma coisa acontece quando fazemos escolhas péssimas relacionadas à alimentação e permitimos a nossa saúde a definhar.

Como carros, nossos corpos demandam combustível para poder funcionar. O corpo saudável, que é abastecido com alimentos saudáveis é capaz de funcionar de forma ótima, porém quando o corpo não é saudável ou é abastecido com comidas não saudáveis, não é capaz de funcionar bem. Quando o corpo não funciona bem e ainda estamos tentando cumprir demandas saudáveis, entramos em uma crise de energia. Essa crise nos deixa sentindo cansados, mentalmente confusos e doloridos e como resultado, nossa performance sofre.

Funcionamento Danificado do Cérebro
Quando comemos mal e não provemos nutrientes ao nosso corpo (como carboidratos complexos), nós experienciamos aumentos e diminuições dos níveis de açúcar no sangue com maior

frequência. Esses aumentos e diminuições diminuem a habilidade do cérebro de funcionar e, mais especificamente, diminuem a memória e previnem o aprendizado. Em adição, uma pesquisa feita pela UCLA (Universidade da Califórnia - Los Angeles) em 2012 mostra que altos níveis de certos açúcares destroem conexões entre células cerebrais, diminuindo a comunicação e cognição.

O cérebro requer uma nutrição saudável para que funcione bem. Isso significa, comidas naturais que têm uma grande quantidade de vitaminas e minerais e carboidratos complexos que são mais difíceis de serem digeridos no sistema digestivo. Isso também significa comer porções menores para prevenir um desvio de energia na quebra de nutrientes.

Não somente o que comemos influencia no funcionamento do nosso cérebro. Nossa saúde em geral é também muito importante. Claro, há alguns fatores que temos quase nenhum controle sobre, mas há também os que podemos controlar. Por exemplo, o quanto dormimos, o quanto nos exercitamos, desidratação, o quanto permitimos que o estresse tome de nossas vidas, e nossa habilidade de manter um balanço do trabalho e da vida. Todas essas coisas são importantes para a nossa habilidade de focar e melhorar nossa vida nos negócios. Poucas pessoas não sabem como lidar com esses problemas e muitos não querem lidar por conta do esforço que precisam ter e o simples fato que nos tornamos complacentes.

Então, o que você pode fazer para aumentar a função do seu cérebro e a energia utilizada para aumentar sua concentração e foco no trabalho?

Implemente Aplicativos de Hábitos Saudáveis

O aumento do uso da tecnologia nos levou ao desenvolvimento de ótimos aplicativos de controle de vida saudável. Esses aplicativos ajudam os usuários a aumentar sua performance, controle de tempo, nutrição e também apresentam um progresso. Vamos ver alguns dos aplicativos mais utilizados.

1. My Fitness Pal - Grátis para download, o aplicativo foi feito para controlar

calorias ingeridas, nutrientes, exercício, peso e também há uma comunidade para suporte. Esse aplicativo é focado na saúde e promove um estilo de vida mais saudável.

2. Waterlogged - Um aplicativo grátis para a plataforma iOS, é simples de usar e te permite controlar o quanto de água ingere durante o dia. Utilizar esse aplicativo é também uma ótima forma de encorajar a si mesmo a beber mais água aoplanejar seus objetivos! O consumo de água não é somente imperativo para evitar a desidratação, mas também necessário para manter a claridade mental, concentração e foco.

3. Mindbody - Grátis, é um aplicativo feito para servir como um diretório saúde

completo. Simplesmente coloque seu CEP no aplicativo e você poderá localizar diversas academias, estúdios fitness, aulas perto de você. Em adição a isso, o aplicativo também traz ofertas.

4. Lantern - Lantern é um aplicativo um tanto caro que funciona com assinatura, porém, se você se encontra perdido quanto ao equilíbrio mental, é um ótimo aplicativo para utilizar. Focado em terapias cognitivas de comportamento, esse aplicativo funciona como um companheiro 24 horas para manter o equilíbrio mental que você precisa para ter sucesso.

5. Deep Sleep with Andrew Johnson - Deep Sleep custa $2,99 para fazer o download, mas é um dos aplicativos de

sono mais recomendados atualmente. Focado em meditação guiada como uma técnica para induzir um sono restaurador, Deep Sleep otimiza seu tempo de descanso para otimizar seu tempo de trabalho.

Mudanças de Vida para Melhorar Sua Saúde

Aplicativos são muito bons para monitorar o progresso quando falamos de vivência saudável, porém no fim das contas, sua saúde depende de suas escolhas de vida. Se você é um poderoso Diretor Executivo ou somente um aspirante a empreendedor, sua saúde é sua responsabilidade. O esforço que você coloca para manter sua saúde vai refletir em sua habilidade de suceder em seu emprego, então vejamos o que você pode fazer.

1. **Tenha consciência das suas escolhas alimentares -** Ser consciente dos seus níveis de energia e sua habilidade de performance no seu trabalho significa se conscientizar das suas escolhas relacionadas ao que escolhe comer. Comidas processadas e não-saudáveis são fáceis de encontrar, particularmente quando estão na cozinha do seu emprego, porém para aumentar seu potencial você deve tornar comidas saudáveis mais acessíveis.

2. **Aumente sua ingestão de água -** Beber mais água durante o dia vai ajudá-lo a se hidratar e se manter mais alerta,

porém vai também fazê-lo evitar comer demais e escolhendo comidas não saudáveis acessíveis. Como? Bem, numa grande porção do tempo que você sente que está com fome, na verdade sente sede e está confundindo a sensação de sede com a de fome.

3. **Aumente sua atividade física** - Atividade é um mal necessário para manter o corpo saudável. Não necessariamente significa que você deve ir para a academia por horas e horas, porém pode incluir mudanças pequenas que fazem você levantar e se mover! Tente ficar em pé em sua mesa, usar as escadas ao invés do elevador e estacionar longe do trabalho para andar mais durante o dia.

4. **Foque na sua saúde mental e física** - Check-ups regulares e cuidado de "manutenção" da sua saúde mental e física parecem ser uma inconveniencia, mas é sua responsabilidade prestar atenção nessas coisas. Quanto mais saudável você for, você será mais capaz de alcançar o potencial máximo no seu trabalho.

5. **Relaxe!** - Trabalhar demais e se estressar demais nos leva a uma performance ruim por conta de uma saúde mental ruim. É necessário que você leve seu equilíbrio mental em consideração quando avaliar sua programação do trabalho. Assegure-se que você tenha um tempo para relaxar longe do trabalho todos os dias e você

irá notar um aumento na sua claridade mental e rapidez.

6. **Preste Atenção** - Não estamos falando de prestar atenção ao trabalho, e sim à sua saúde. Quando seu corpo te diz que algo está errado, ao doer, pelo cansaço ou algo com maior significado, preste atenção. Não permita que seu trabalho o distraia da necessidade de tomar conta de si mesmo. Você pode perder um dia ou até mesmo uma semana resolvendo questões de saúde, mas falhar ao cuidar de sua saúde ou trabalhar enquanto estiver doente pode resultar em problemas maiores.

Capítulo 5 - Olhos à Frente

Sua saúde em geral é crucial para seu sucesso no trabalho, porém manter o seu foco também é. Uma das melhores formas de fazer isso é ao criar objetivos e mantê-los. Objetivos não funcionam somente como marcos no caminho do sucesso, porém também para aumentar o foco e concentração ao prover uma realização para trabalharmos. Quando trabalhamos somente com uma ideia geral do que queremos, temos apenas um ponto distante no horizonte para olhar. Ao criar marcos e objetivos, nos encorajamos a suceder ao tornar nossas tarefas mais fáceis de lidar e nos permitir focar mais nas partes do todo.

Há diversas maneiras que podemos utilizar os objetivos para crescer no trabalho. Podemos usá-los para repartir tarefas maiores para partes mais fáceis de lidar, para manter o momentum quando cumprindo as tarefas mundanas, e prover recursos mais concentrados ao reparti-los em partes menores, e podemos utilizar objetivos para simplesmente partir nosso dia em segmentos eficientes.

Implemente Aplicativos Para Alcançar Objetivos
Nos capítulos anteriores, falamos sobre como aplicativos podem realmente ajudar a aumentar a concentração, o foco, e as habilidades de gerenciamento de tempo no trabalho. Aplicativos podem também ser importantes para criar objetivos a

serem cumpridos. Ao implementar esses tipos de aplicativos em sua vida de negócios, você ajuda a melhorar o seu foco não somente por criar uma lista de itens para finalizar, mas fazendo-o de uma forma que permita que você "ataque" objetivos menores de forma progressiva, que facilita o sucesso.

1. <u>Nozbe</u> - Nozbe é um aplicativo grátis e premium feito para aumentar sua produtividade ao criar objetivos e marcos dentro desses objetivos maiores para aumentar sua performance. Se você está procurando realmente focar em completar trabalhos dando a atenção que eles merecem, esse é o aplicativo perfeito para se iniciar.

2. IRunURun - IRunURun é um aplicativo grátis e premium que utiliza objetivos para promovê-los ao criar um jogo baseado em completar esses objetivos. Os usuários procuram ter a pontuação perfeita de 100 ao cumprir os objetivos que eles têm para a semana, porém a falha leva a diminuição da pontuação total, levando-o a melhorar da próxima vez.

3. Goals On Track - Esse é um aplicativo de criação de objetivos e produtividade pessoal. Baseado em você se associar a ele, Goals On Track disponibiliza um layout visual para os seus objetivos, o progresso deles e planos de ação para ajudá-lo a entender melhor como

trabalhar de forma mais "inteligente" para cumprir seus objetivos.

4. Coach.**me** - Se você se distrai muito no seu celular, Coach.me é o que você precisa. Esse aplicativo grátis disponibiliza um "treinamento" para a produtividade, perda de peso e exercícios em geral ao utilizar comportamentos de definição de metas e disponibilizando "torcedores" para influenciá-lo a ter sucesso.

5. Goal Setting Workshop + Goal & Habit Tracker - Esse aplicativo grátis te dá tudo o que precisa para se iniciar em planejar metas para seu desenvolvimento pessoal e carreira. Pense nos objetivos, comprometa-se às suas resoluções e construa a motivação

para cumprir com esses objetivos que planejou nesse aplicativo.

Táticas Corporativas Populares para o Cumprimento de Metas

Muitos profissionais utilizam aplicativos para definir, acompanhar e cumprir suas metas em suas vidas pessoais e profissionais. Em adição de utilizar esses aplicativos, esses individuais de sucesso também implementam várias estratégias corporativas para cumprir e aumentar esses elementos de sucesso. Vamos ver algumas das estratégias mais populares para o cumprimento de metas.

Foque em um só objetivo por vez

Anteriormente enfatizamos a importância de diminuir suas tarefas em pedaços menores. Também falamos sobre a importância de maximizar o foco o máximo possível. Quando você diminui essas tarefas em pedacinhos e foca em somente um pequeno objetivo por vez, você está dando sua atenção total para um bloco de construção de uma estrutura final e aumentando sua precisão para todo o projeto. Fazer isso significa que suas metas menores e tarefas serão completas com maior sucesso e terá como resultado completar sua meta final de forma mais rápida e eficiente.

Reavaliação
A habilidade de parar e reavaliar metas é necessária para qualquer pessoa. Enquanto progredimos nos menores marcos das nossas grandes metas, geralmente revelamos elementos que não antecipamos anteriormente, então se

torna necessário reavaliar e ajustar nossos planos e nossos objetivos finais para que tenhamos sucesso. Se não reavaliarmos e ajustarmos nossos planos dessa forma, podemos descobrir que desperdiçamos muito tempo e falhamos ao cumprir com nossa meta final.

Utilize a abordagem S.M.A.R.T

S.M.A.R.T significa Specific (Específico), Measurable (Mensurável), Attainable (Atingível), Relevant (Relevância) e Time-bound (Temporal). Essa abordagem foca em como tornar metas atingíveis ao criá-las utilizando esses cinco critérios.

Para se ter sucesso, seu objetivo final deve ser naturalmente específico e responder as perguntas *quem, o quê, onde, quando, qual* e *por quê*.

As suas metas devem ter a capacidade de ser mensuradas. Se você não pode medir seu progresso em direção à sua meta e os resultados de quando a completa, como vai saber que a meta foi cumprida?

Suas metas também devem ser realistas. Planejar metas que são inalcançáveis é somente acabar falhando e desperdiçar seu tempo no processo.

Suas metas devem ser relevantes, ou devem haver valor para seu projeto ou negócio.

Suas metas devem ter uma *deadline* - um prazo.

Ao utilizar esse método para planejar metas e cumpri-las, também está criando uma compreensão melhor da sua tarefa em mãos, e criando um caminho para alcançar sua meta final.

Use Locke e Latham como referências
Locke e Latham são conhecidos pelos seus cinco princípios de cumprimento de metas nos quais eles definem como planejar metas que podem ser cumpridas. A abordagem deles enfatiza *claridade, desafio, compromisso, feedback e complexidade da tarefa*.

Para que seja alcançável, uma meta deve ser definida claramente. Ter metas claras faz com que você saiba exatamente o que está querendo alcançar para que direcione seu foco em cumpri-la.

Para ter sucesso, metas devem ser desafiadoras. Ao planejar metas desafiadoras, nos motivamos ao tentar completá-las do que planejando aquelas que são mais fáceis e pedem pouco de nós em termos de ação.

Para que uma meta funcione bem, devemos nos comprometer a ela. Se criamos um objetivo que não nos comprometemos, acabamos não nos dedicando o tanto quanto deveríamos para completar esse objetivo. Ao invés disso, crie metas que você irá se comprometer a cumprir, metas que importam para você.

Para alcançarmos as metas, devemos também procurar por conselhos e feedback. Para medir nosso progresso em direção a uma meta, é necessário que busquemos feedback e conselho de outros que podem nos dizer se começamos a nos desviar do nosso caminho original. Também é uma ótima forma de medir se estamos apenas desperdiçando tempo.

Por último, para que metas sejam alcançáveis, elas não devem ser muito complexas. Se você tem uma tarefa que parece ser muito complexa, considere parti-la em pequenas tarefas, ou tomar outra rota para completá-la. Quando criamos metas e objetivos muito complexos, acabamos nos sobrecarregando, o que leva ao cansaço e falta de concentração.

Estabeleça Objetivos e Resultados Chave
Uma abordagem simples de criação de metas e alcance das mesmas é de estabelecer objetivos e os resultados chave que esperamos dos mesmos. Para

que as metas sejam funcionais, precisamos primeiro planejar o objetivo dessa meta - o que estamos tentando fazer? Qual o produto final que queremos criar? Assim que estabelecermos nossos objetivos, devemos então ver os resultados chave que esperamos alcançar. Esses resultados chave são baseados em objetivos. Por exemplo, nosso objetivo ao criar uma meta pode ser de criar uma estrutura mais produtiva em nosso departamento de RH. Os resultados chave que esperamos ver desse objetivo é de aumento de 50% de interação entre os funcionários e o departamento de RH.

O propósito de estabelecer objetivos e resultados chave é de criar as metas, o propósito delas e criar uma imagem simplificada de como metas podem ser utilizadas para alcançarmos o sucesso.

Capítulo 6 - Como a Motivação Impacta o Foco

Enquanto criar metas é um ótimo método de completar tarefas com sucesso e torná-las mais fáceis de lidar, elas nos levam a lugar nenhum se não estivermos motivados o suficiente para cumpri-las. A motivação é algo que deve estar em falta por um grande número de razões, porém quando você acha uma maneira de aumentar sua motivação no trabalho, também encontra uma maneira de aumentar o seu foco. Ao aumentar sua performance pela auto-motivação é uma característica poderosa em uma grande quantidade de mulheres e homens de negócio ao redor do mundo, mas como eles fazem isso? Vamos ver o impacto da motivação no foco e sucesso e então discutir os métodos utilizados mundialmente para utilizar a motivação de forma que funcione para eles.

O que é a Motivação?
Antes que comecemos a ver como a motivação impacta sua abilidade de focar e cumprir metas, precisamos entender o que é a motivação. Em sua forma básica, a motivação é a força por trás de nosso sucesso, é o que nos empurra para cumprirmos algo. Sem a motivação acabamos não nos importando se cumprirmos nossas metas, e de fato talvez nem tentemos criar metas! Sem a motivação acabamos por não ter foco, e sem motivação não sucedemos. Pense nisso, já viu um Diretor de sucesso de uma

grande empresa que não se importa com a sua empresa, o sucesso da mesma ou sua imagem na mídia? Raramente acontece. Por quê? Porque esses Diretores são motivados a se importar com todas essas coisas porque seu sucesso depende do sucesso de sua empresa.

A Conexão Entre a Motivação e o Foco
O relacionamento entre a motivação e o foco é recíproca. Sem um nível apropriado de motivação, não focamos em uma tarefa. Você vê, em nossa natureza, precisamos de um motivo para fazer as coisas, seja esse motivo financeiro ou se sentir bem ao cumprir uma tarefa, sem essa força não focamos no sucesso. Ao contrário, sem dar foco adequado a uma tarefa, acabamos por não completá-la. Por

exemplo, se temos uma tarefa que está sendo adiada por meses, não encontramos a motivação para cumpri-la, porque afinal, ela já está esperando há tempos. Ao não planejar uma "data de entrega" para completar essa tarefa ou criar pequenas metas para poder completá-la, não estamos nos dando a motivação que precisamos para focar em agir.

Implemente Aplicativos de Motivação
Assim como aplicativos podem servir como uma ótima maneira de criar, controlar e monitorar o progresso de nossas metas, também podem cumprir um papel de influência na nossa motivação. Há diversos aplicativos a serem testados, mas esses são alguns dos nossos favoritos.

1. BeeMinder - BeeMinder adiciona um extra ao conceito da motivação. Esse aplicativo grátis promove a finalização de tarefas e metas ao fazê-lo definir metas e colocar uma quantidade monetária na sua habilidade de cumprir essas metas. Agora, você não é pago para completar essas metas, porém deve pagar caso não as complete! Há alguma maneira melhor de fazer com que as pessoas progridam do que pedi-las que coloquem seu dinheiro onde a boca delas está?
2. Unstuck - Outro aplicativo grátis, Unstruck foi feito para ajudá-lo a superar aqueles momentos em que se sente "empacado." Esse aplicativo foca

em promover sua motivação com coaching e resolução de problemas.

3. Happier - Happier é um aplicativo de positividade grátis que foca em aumentar seus níveis de felicidade para poder motivá-lo. Happier funciona ao fazê-lo coletar momentos felizes que ocorrem durante o dia para que você possa refletir neles e usá-los como motivação e também para aumentar o seu humor. Uma atitude positiva nos motiva a completar nossas metas, não importa o quanto elas pareçam ser impossíveis de cumprir.

4. Headout - Headout é um aplicativo grátis que foca na experiência como um motivador. Já discutimos o quão importante é que às vezes nos

afastemos do trabalho e Headout capitaliza esse conceito. Ao listar eventos locais e lugares que você pode ir, esse aplicativo te dá ideias de como fugir para que possa voltar com motivação renovada para cumprir suas metas.

Outras Táticas para Melhorar a Motivação

Aplicativos são uma ótima maneira e ponto de início para aumentar seu nível de motivação. É importante notar também que às vezes para que aumentemos nossa motivação, nós devemos fazer mudanças em nossa vida também. Essas mudanças podem ser desafiadoras ou até mesmo simples, mas uma coisa é garantida, fazendo qualquer uma delas vai aumentar sua motivação e aumentar seu foco no sucesso.

Pratique a Positividade
A forma que vemos as coisas tem muito a ver com o quão motivados estamos em nossas vidas. Se continuarmos vendo o mundo como um pessimista, vamos sempre focar no negativo e encontrar razões para não fazer o que importa. Supere essa negatividade ao praticar a positividade durante o dia. Encontre uma coisa positiva em tudo o que faz e logo irá notar que está mais motivado a trabalhar, cumprir suas metas e ter sucesso.

Utilize a Visualização
Visualizar nosso sucesso é a forma perfeita de focar nossa atenção no porquê estarmos trabalhando tanto. Tire alguns

momentos de todos os dias e visualize-se cumprindo essas metas que planejou. Como sua vida está nesse momento? Como você se sente? Pense na sensação de satisfação que irá atingir e utilize esse sentimento para empurrá-lo em direção a cumprir essa tarefa.

Tente Reiniciar
Em algum momento, todos perdemos o foco. Acabamos muito enrolados no dia-a-dia e começamos a nos perder e quando isso acontece, perdemos a motivação. Quando se encontrar tendo esse tipo de experiência, afaste-se da sua mesa. Caminhe um pouco, encontre um local quieto e leia um livro, explore algo novo em seu bairo… faça alguma coisa que reiniciar a sua mente. Saia da sua confusão

mental e foque em nada mais exceto renovar seu sentido de vida.

Liberte seus Medos
Com frequência sentimos medo do sucesso por algum motivo e quando sentimos medo, acabamos nos sabotando. Perdemos nossa motivação através desse medo e tentamos nos convencer que as coisas estão "bem" do jeito que estão. Ao invés de se forçar a viver sua vida de forma tão limitante, tente se libertar. Liberte seus medos, eles estão apenas limitando o seu potencial. Use a sua necessidade de libertar seus medos como uma força te levando ao sucesso, você deve se tornar alguém novo, não pode deixar seus medos limitarem seu sucesso!

Táticas Populares de Empresas para Aumentar a Motivação

Em adição de utilizar aplicativos e modificar nosso comportamento e abordagem das coisas, há diversas técnicas corporativas que são perfeitas para aumentar a motivação.

Utilize Incentivos

Muitas corporações maiores utilizam incentivos para motivar seus funcionários a terem sucesso. Mesmo que não seja dono de uma grande empresa, você pode implementar incentivos em sua própria vida. Encoraje-se a ter sucesso ao planejar incentivos para premiar a finalização de alguma meta. Esses incentivos podem ser tão simples como tirar uma folga ou apenas relaxar, comprar um novo esmalte… mas encontre algo que realmente vai motivar você a continuar focando no sucesso.

Reconheça Realizações
Outro método que empresas utilizam comumente para motivar funcionários é utilizar o reconhecimento como um prêmio. Quando alguém é reconhecido pelas suas realizações, eles se sentem mais realizados e com mais valor pelo que fizeram. Mesmo que seja um empreendedor solo, pode implementar o reconhecimento de realizações ao compartilhar seus feitos com amigos e família!

Eventos, Convenções e Extensão da Educação
Eventos, convenções e extensão da educação são ferramentas usadas frequentemente para aumentar a

motivação. Esses eventos servem para nos conectarmos com outros indivíduos com metas parecidas e também promover maior educação em uma área de interesse particular. Geralmente esses eventos irão expôr novos métodos para completar tarefas ou novas maneiras de ajudar a cumprir suas metas de forma eficiente. Esses tipos de descoberta e avanços podem servir como fatores motivadores para diversos indivíduos ao verem quanto progresso pode ser alcançado quando se concentram nisso.

Capítulo 7 - Aumentando sua Capacidade de Atenção

A motivação melhora o foco e o foco melhora a sua capacidade de atenção. Porém, o quanto é importante ter uma capacidade de atenção alta? A Universidade Harvard fez um estudo sobre o quanto as pessoas mantinham sua atenção e o quão focadas as mesmas estavam em uma certa tarefa em mãos. Aparentemente, 53 por cento de nossos momentos acordados são focados no que estamos fazendo. Não apenas no trabalho, isso também se refere ao tempo entre o momento em que você acorda até a hora de dormir. Os outros 47 por cento do nosso tempo é gasto com nossas mentes em outro lugar. Seja essa distração por conta de interrupções, pensamentos sobre algo que já passou ou preocupações por conta de algum futuro evento, esses 47 por cento de nossa vida são desperdiçados porque não estamos nos concentrando no momento em que estamos vivendo. 47 por cento de nosso tempo é perdido, desperdiçado em tarefas não-produtivas, simplesmente por não estarmos prestando atenção.

Por que a Atenção é Importante?
Você pode estar se perguntando, se consegue cumprir uma tarefa sem prestar atenção a ela, qual o problema? Por que é tão importante que cada tarefa que você tenha envolva completa atenção? Se a tarefa foi finalizada, quem se importa, certo? Errado! A atenção é crucial em

nossa vida pessoal e carreira. A atenção não é somente o que nos ajuda a aprender como fazer as coisas corretamente e evitar o perigo, mas também nos ajuda a melhorar e conquistar coisas maiores e melhores. A atenção, em conjunto ao foco, é o que faz com que milionários sejam milionários.

Então o que você pode fazer para aumentar sua capacidade de atenção para garantir que seu futuro esteja aberto ao sucesso? Vejamos.

Implemente Aplicativos para a Melhora da Capacidade de Atenção

Há diversos aplicativos bons que foram feitos para aumentar a nossa capacidade de atenção. Esses aplicativos focam em treinar sua atenção ao focas em detalhes e conquistar o sucesso. Vejamos alguns dos aplicativos mais populares para smartphones, tablet e computador abaixo.

1. **Self-**Control - Self-Control é um aplicativo grátis que permite que usuários bloqueiem websites que servem como distração regular por um período de tempo definido. Isso elimina a tentação de visitar websites que acabam destruindo metade de seu tempo de trabalho e toda a sua produtividade.

2. TrackTime - Um aplicativo que custa 99 centavos de dólar, funciona ao rastrear todo e qualquer movimento que você faz no seu computador, tablet ou smartphone e quando pedido, produz uma auditoria desse tempo. Uma ótima

maneira de saber onde as horas do seu dia estão realmente indo, TrackTime é o melhor método para motivá-lo a prestar mais atenção.

3. Focus Booster - Um aplicativo grátis e premium, Focus Booster tem como objetivo aumentar seu foco e capacidade de atenção ao utilizar a técnica Pomodoro de controle de tempo. Ao configurar períodos específicos de 25 minutos para tarefas e 5 minutos de descanso entre essas tarefas, você se torna capaz de manter um nível adequado de foco e concentração em cada tarefa sem se cansar demais.

4. CogniFit - Um aplicativo de treino cerebral grátis, não serve somente para

aumentar o foco, memória e concentração, mas também para exercitar seu cérebro durante o dia para que continue a crescer mentalmente. Não deixe seu cérebro ser desperdiçado, ao invés disso, trabalhe no crescimento criativo e em aumentar sua capacidade de atenção com exercícios diários.

5. Elevate - Esse aplicativo grátis foi originalmente feito para ajudar aqueles com distúrbio de hiperatividade e atenção, mas com o passar do tempo também se tornou um aplicativo popular para aqueles com qualquer tipo de dificuldade de concentração. Esse aplicativo foca em criar um programa de treinamento específico

para suas necessidades, que é ajustado à medida em que for praticando diariamente.

Habilidades Que Você Pode Usar Para Aumentar Sua Capacidade de Atenção

Em adição de usar aplicativos, há algumas mudanças em sua vida que você pode fazer para aumentar sua capacidade de atenção. Essas mudanças podem variar de simplesmente mudar sua rotina a algo que desafie os seus limites.

Durma!

Todos sabemos que o sono é importante para podermos funcionar apropriadamente. Não importa quem você seja ou o que esteja tentando alcançar, seu sucesso está diretamente relacionado a sua capacidade de dormir uma noite inteira. O que significa dormir uma noite inteira? Pelo menos 8 horas de sono sem tranquilo em sua cama num quarto quieto, sem interrupções tecnológicas! Falhe nisso e você irá aprender rapidamente o quanto a falta de sono impacta na sua habilidade de se concentrar.

Música

Muitos estudos mostram que ouvir música instrumental - por exemplo, música clássica, pode aumentar nossa habilidade de nos concentrar em algo. Se você se encontrar com dificuldade em focar, escute um pouco de Mozart e veja se consegue funcionar melhor.

Acompanhe o Relógio

Quando sofremos de baixa de atenção, acabamos desperdiçando mais tempo do que temos para desperdiçar. Programe um alarme ou observe o relógio quando perceber que está com dificuldade de manter sua atenção. Se, depois de algum tempo programado, você não estiver progredindo, afaste-se da tarefa e foque em outra coisa ou descanse por um tempo. Depois de pelo menos 5 minutos, tente voltar ao mesmo tópico. Só não permita que seu tempo seja desperdiçado sentando encarando um problema e tentando se fazer concentrar.

Táticas Populares de Negócios para Aumentar a Capacidade de Atenção
Em adição às mudanças citadas acima, há várias estratégias corporativas utilizadas para aumentar a atenção no local de trabalho. Essas estratégias são

frequentemente utilizadas por Diretores Executivos e trabalhadores, e têm se mostrado de sucesso. Vejamos algumas das táticas mais populares.

Tire Momentos de Intervalo e Trabalhe Devagar!

Parece impossível quando alguma dica para o sucesso contém a palavra "devagar." A verdade é que, quando nos encontramos com uma grande quantidade de informação para explorar, acabamos perdendo o foco rapidamente. Se, ao invés disso, trabalharmos devagar e partirmos essa grande quantidade de informação em pedaços menores, acabamos aumentando nossa atenção e finalizamos as tarefas num tempo razoável! O objetivo aqui é não se permitir sentir sobrecarregado.

Elimine Distração Desnecessária
Muitos locais de trabalho encorajam seus funcionários a eliminar distração desnecessária de sua área imediata de trabalho, para diminuir a distração nas tarefas em mãos. Ao remover distrações, você está criando um local melhor para sua atenção.

Faça Anotações
Fazer anotações é uma habilidade que parece ter sido deixada de lado por vários, mas donos de empresas de sucesso sabem a importância de sempre anotar a fim de não exigir muito de sua atenção. Claro, é sempre bom trabalhar em aumentar sua capacidade de atenção, mas enquanto está trabalhando nisso, faça anotações durante atividades que pareçam ser

desafiadoras, ao invés de se forçar a prestar atenção, ouça e faça anotações. Essas anotações servirão não somente como um lembrete quando sua atenção estiver completamente baixa, mas também irão te dar uma referência para uso posterior.

Capítulo 8 - A Conexão Entre o Estresse e o Foco

Uma capacidade de atenção baixa pode prejudicar sua habilidade de focar e suceder no mercado de trabalho, porém o estresse também. O Centro Médico da Universidade de Maryland tem um ótimo artigo em como o estresse prejudica a concentração e, em particular, nota que o estresse pode causar pressão alta, o que pode levar a outras doenças graves. O estudo também descobriu que o estresse pode interferir no sono, que então diminui nossa produtividade e habilidade de funcionar apropriadamente. De forma simples, o estresse é tudo o que não queremos ou precisamos quando queremos ter sucesso.

O estresse cria perturbação durante o sono, péssimas atitudes e inabilidade de lidar com problemas. Promove uma produção demasiada de toxinas no corpo, e simplesmente, acaba com a nossa mente e corpo até que nos encontremos sem esperança nenhuma. Então, de onde todo esse estresse está vindo? A resposta simples é, a forma que você vive.

A maneira que você vive afeta seu nível de estresse e, consequentemente, seu nível de concentração. Se você está constantemente estressado, não será capaz de focar no trabalho e não será capaz de completar sua tarefa com sucesso como uma pessoa que está menos estressada. Então, você precisa descobrir qual seu estresse na sua vida para que possa trazer seu estilo de vida de volta para o equilíbrio. O que você pode fazer para mudar positivamente? Vejamos!

O que Você Pode Fazer Para Diminuir Seu Nível de Estresse?
Exercite-se!

As pessoas raramente querem escutar que o exercício é a resposta para a resolução de seus problemas, mas no caso de altos níveis de estresse, o exercício é a resposta para o problema! O exercício não somente nos tira do que nos estressa e influencia a nossa vida de forma ruim, mas também libera endorfina que nos faz sentir que podemos conseguir tudo! Uma dose diária de endorfina é incrivelmente poderosa e uma solução para diminuir o estresse na vida de qualquer pessoa!

Crie um Sistema de Suporte
Geralmente nos sentimos mais estressados quando estamos fazendo muita coisa. Quando estamos tentando equilibrar muitas responsabilidades sem ajuda de ninguém, podemos nos sentir sobrecarregados e simplesmente queremos parar de fazer tudo. Para evitar que isso aconteça, construa um sistema de suporte ao seu redor que poderá te ajudar em sua vida pessoal e carreira. Esse sistema de suporte pode ser colegas de trabalho que não se importam em ajudar em algum projeto, ou seu companheiro, que cozinha o jantar para te dar um pouco de tempo livre. Não importa quem sejam, ou com o que se responsabilizem, aliviar um pouco do seu estresse irá

imediatamente aumentar sua saúde no geral e sua habilidade de focar.

Coma de Forma Saudável
Nos capítulos acima já falamos sobre a importância de uma dieta saudável. Quando comemos as comidas corretas e provemos ao nosso corpo nutrientes que ele precisa para funcionar apropriadamente, também lidamos melhor com os maiores níveis de estresse! Isso é porque quanto mais nosso corpo funciona bem, mais eficientemente ele pode reagir aos gatilhos. Adicionalmente, quando nossos corpos funcionam bem, estamos menos distraídos pelos sintomas da falha de funcionamento! Esses sintomas podem causar uma distração na nossa habilidade de trabalhar, e também

contribuem para o desconforto físico, que nos leva a um estresse maior que não podemos controlar propriamente e resulta também na inabilidade de focar.

Equilibre o Trabalho e a Vida Pessoal
Equilibrar o trabalho e a vida pessoal é uma habilidade que poucas pessoas são boas. Isso não significa que não deva tentar! Um equilíbrio saudável entre o trabalho e a vida pessoal não significa somente não ser *workaholic* (viciado em trabalho), mas também saber quando separar sua vida no trabalho e sua vida em casa. Por exemplo, se você está mantendo horas saudáveis no trabalho, e ainda assim, quando volta pra casa, tudo o que sabe falar é sobre trabalho, então você não está mantendo um equilíbrio saudável

e está aumentando suas chances de se tornar estressado ao ponto de adoecer. Não importa qual o seu papel dentro da empresa, se quer ter sucesso e ser capaz de focar nele, deve saber como equilibrar sua vida pessoal e seu trabalho sem permitir que ambos se confundam.

Aplicativos Para Redução de Estresse
Se você acha que tem dificuldade de fazer alguma das mudanças acima para reduzir seus níveis de estresse, aplicativos podem te ajudar. Há diversos aplicativos bons feitos para ajudar a reduzir o estresse para que tenha um melhor foco. Alguns estão listados abaixo.

1. Breathe2Relax - Breathe2Relax é um aplicativo grátis e pago feito para te ajudar a focar em respiração para

reduzir o estresse. Com vários exercícios de respiração que foram provados que reduzem o estresse, esse aplicativo é uma ótima forma de ter mais habilidade em liberar o estresse de sua vida.

2. Personal Zen - Um aplicativo grátis, foi feito para ajudá-lo a treinar seu cérebro a tomar uma atitude mental mais positiva. Um jogo clinicamente provado para reduzir a negatividade, Personal Zen pode diminuir seu estresse em 25 minutos e reprogramar como você lidará com desafios futuros.

3. 7 Minute Workout - Um aplicativo grátis, 7 Minute Workout foca nos benefícios do exercício para lutar contra o estresse. Ao disponibilizar um

exercício simples de 7 minutos que não exige uma academia, esse aplicativo te beneficia com a saúde e diminuição dos níveis de estresse e sem espaço para desculpas!

4. Time Out - Um aplicativo grátis que oferece compras dentro do mesmo, Time Out foi feito para construir intervalos durante o dia de trabalho para otimizar o foco e a concentração enquanto diminui o estresse. Com a habilidade de programar intervalos de 10 minutos a cada hora ou intervalos de 15 segundos a cada 15 minutos, Time Out força você a parar ao escurecer a tela principal por um designado período de tempo. Esses intervalos permitem que você possa

alongar, assim como serve como um lembrete para parar um pouco, respirar e olhar para seu trabalho alguns minutos depois, de forma "fresca."

5. Plasticity - Um aplicativo grátis, Plasticity foi feito para transformar seu local de trabalho em um local mais agradável de se estar. Ao encorajá-lo a ver as coisas positivas no seu trabalho, esse aplicativo te afasta do estresse que aumenta seu pensamento negativo e promove relacionamentos dentro do trabalho mais saudáveis.

Táticas Corporativas para a Redução do Estresse

Aplicativos e modificação de comportamento são intervenções incríveis para reduzir os níveis de estresse, porém há também algumas táticas corporativas que são muito efetivas para a redução do estresse. Vejamos algumas das táticas mais utilizadas.

Equilíbrio de Agenda
Um truque que ajuda muitos empresários a controlar seus níveis de estresse é o equilíbrio de agenda. Equilibrar sua agenda significa não somente o equilíbrio de sua vida pessoal e de trabalho, mas também equilibrar as atividades no trabalho. Saiba seus limites e recursos que tem para trabalhar para que possa se expressar quando se sentir sobrecarregado. Equilibre seu planejamento diário com tarefas que são distribuídas de acordo com o horário que trabalha melhor, e não faça mais de um

projeto importante por vez! Ao ter consciência da sua programação, você poderá evitar o estresse de estar sobrecarregado.

Intervalos Obrigatórios

Há uma razão para que a maioria das empresas tenham intervalos obrigatórios no dia dos seus empregados - sem esses intervalos, os funcionários se tornam estressados por estarem constantemente no trabalho e serem bombardeados com pedidos. Não importa se você é um Diretor Executivo ou Empacotador, intervalos são uma parte necessária de manter seus níveis de estresse baixos e aumentar o nível de foco e dedicação ao trabalho.

Comunique-se!
Chefes, gerentes e outas figuras de autoridade no trabalho devem sempre encorajar a comunicação como uma forma de manter os níveis de estresse baixos. Seja por estar com muita coisa para fazer, problemas pessoais, ou um conflito com um colega de trabalho, a comunicação é a chave para prevenir o aumento do estresse. Se você se sentir mais estressado como resultado das ações de outra pessoa (ou falta de ação), fale. Fale com a pessoa ou, se não for possível, fale com seu supervisor para que possa encontrar a solução do problema. Quanto mais você permitir que os problemas aumentem, menor será o seu foco no trabalho, você

ficará mais nervoso e a situação pode se tornar ainda pior.

Assegure-se de Que Há Uma Oportunidade de Crescimento

Seja você um dono de empresa ou alguém que trabalha nela, deve sempre assegurar-se de que há espaço e oportunidade para seu crescimento. Sentir-se preso em um trabalho chato é um fator de estresse comum para homens e mulheres no mercado de trabalho, porém a oportunidade de crescer previne que isso aconteça. Quando um trabalhador (ou você) sabe que há uma chance de crescer na empresa, há uma motivação para fazer o melhor e menos estresse de estar preso num trabalho que não vai a lugar algum. Essa motivação e nível de estresse baixo resulta em mais sucesso no trabalho e aumento de concentração e foco.

Procure Ajuda e Ajude
Algumas vezes o estresse se torna tanto que somos incapazes de lidar com isso sozinhos, o que é precisamente o porquê de empresas atualmente oferecerem aconselhamento psicológico. Esses serviços são muito bons para todos os indivíduos, não importa qual seja seu status no trabalho. Se estiver se sentindo sobrecarregado e estressado, marque um horário com um conselheiro para poder conversar. Eles podem até te oferecer técnicas de melhora, assim como maneiras de reduzir o estresse em sua vida. E se você encontrar alguém no trabalho sofrendo com altos níveis de estresse,

considere indicá-lo para o aconselhamento psicológico para que ajude-o a melhorar. Não importa se você ou seu colega está lidando com o estresse, porque eventualmente, todos próximos a você serão impactados! Então mantenha esses recursos médicos em sua mente sempre.

Conclusão

Nos últimos capítulos compartilhamos com você um número de desafios mais encontrados para chegarmos ao sucesso no trabalho. Todos esses desafios, de alguma forma, reduzem sua habilidade de se concentrar e realmente focar sua atenção em cumprir suas metas. A boa notícia, porém, é que ao utilizar os métodos mostrados nos últimos capítulos, você logo irá experienciar um aumento dramático em sua produtividade. Não importa se sua dificuldade é a distração no trabalho ou lidar com alto nível de estresse, todas as dicas podem te ajudar a se tornar mais saudável e focado em seu sucesso no geral.

Apenas lembre-se de que não importa onde trabalha, somente você é responsável pelo seu sucesso. Não culpe a distração, altos níveis de estresse, péssima capacidade de atenção e péssimos hábitos quanto falar de sua falha. Ao invés disso, comece a mudar para que tenha sucesso. Aumente o seu foco, melhore sua concentração, e o melhor de tudo, crie uma vida mais feliz e cheia de realizações, ao invés de usar alguma desculpa. Seu futuro só depende de você.

Te desejo muita sorte!

Parte 2

Introdução

Gestão de tempo não é apenas sobre gerir o seu tempo. É sobre conseguir o que quer da sua vida.

A linha ténue entre trabalhar e a vida quotidiana é aquela que muitas pessoas lutam constantemente para manter. A gestão de tempo é extremamente importante de forma a conseguir fazer coisas, dar-lhe uma sensação de controlo e uma vida que deseja.

Eu sei porque estive lá. Estive naquele lugar onde os anos passaram comigo distraído e não produtivo. Enquanto trabalhava, as horas passavam, mas não sei como, nunca me pareceu suficiente. O tempo afastou-se de mim como uma nuvem de fumo, com nada para mostrar pelas minhas horas de esforço.

Conheço os sentimentos de insatisfação que vêm com o trabalho e não estar mais perto de alcançar os meus sonhos. A vida torna-se numa montanharussa de monotonia.

Eu fiquei cansado de sentimentos negativos, e por isso procurei fazer algo sobre isso, examinando criticamente o meu tempo, e sublinhando os fatores que afetaram a maneira como o gastei.

E agora, quero partilhar o que eu aprendi com vocês.

Sabe o quanto crescemos com estas histórias confortáveis? Tanto é assim que simplesmente levamo-las e absorvemo-las como o Santo Graal, a verdade, sem perguntas ou explicações.

Bem, é o mesmo com a maioria da informação que lemos sobre gestão de tempo.

Mas não fique já triste. Este livro foi escrito especificamente consigo em mente. O objetivo é ajudá-lo a maximizar as 24 horas de todos os dias, porque por muito que peça que, no final dia, este seja de 36 horas, isso não vai acontecer.

O dia, todo o dia, está repleto de oportunidades nuas que estão apenas à espera que as mãos as agarrem.

Infelizmente, muitas vezes, essas oportunidades permanecem inativas até a próxima vez, e em seguida, o ciclo continua repetindo-se infinitamente.

Porquê? É simples, porque o espírito da gestão de tempo eficaz não foi eficazmente aproveitado em todo o seu potencial de modo que produzir resultados tangíveis.

Mas tudo isto está prestes a mudar.

Só preciso que faça algo. Pode ser difícil, eu sei: o desligar consciente de crenças vistas como verdadeiras e a presença da mente para estar disposto a ver através de outro par de lentes uma realidade que é uma parte constante e quotidiana das nossas vidas. Mas se existe algo de natureza constante neste nosso mundo em constante mudança, é uma mudança. E qual é o objetivo de mudar se não abrirmos os nossos olhos internos, e os nossos corações?

Por isso, fique comigo. Vai valer apena, vai ver.

Capítulo 1
Mito: Pode Fazer Tudo Sozinho

A dada altura, todos nós nos deparámos com o ditado, "duas cabeças pensam melhor que uma". Embora seja uma frase simples, tem implicações muito profundas.

Nunca é demais salientar a importância de construir uma equipa. As nossas variadas experiências moldam as pessoas que somos. O nosso conhecimento base, capacidades e competências serão diferentes, e é por isso que uma tarefa que um indivíduo demore uma hora a fazer, outros poderão demorar 20 minutos.

O que me leva ao ponto:estamos infinitamente a fazer um mau serviço quando tentamos fazer tudo sozinhos. Naturalmente, significaria que todo o crédito pelo trabalho realizado não teria de ser partilhado.Também significaria que pelo menos seria realizado na mesma quantidade de tempo. Quando o trabalho é partilhado, é realizado mais rápido e geralmente, ainda melhor.

O mundo está em constante mudança e os métodos de operação estão a ser melhorados. A tecnologia tem crescido muito rapidamente e com isso, têm crescido também as formas de gerir o tempo.

A capacidade para automatizar processos deu origem a uma significativa mudança de paradigma. Tarefas como enviar *emails* recorrentes, pagar contas e fazer cópias de segurança podem ser automatizadas.

Para algumas pessoas, uma grande parte do dia é gasto antes do computador: ler *emails*, marcar uns como importantes, separar *emails* em diferentes pastas, apagar emails, responder a emails, e a lista continua. Parece algo que se pode fazer rapidamente, mas quando se apercebe já é meio-dia e questiona-se para onde foi o dia.

Uma solução fácil é utilizar ferramentas disponíveis para realizar esses processos, negando assim o envolvimento humano direto.

A mentalidade que diz a uma pessoa que pode fazer tudo é aquela que está preparada para o crescimento atrofiado. Nos negócios e até na vida, é importante alavancar os seus pontos fortes e consolidá-los de uma forma que seja benéfica e induza o desenvolvimento. Tarefas por parte de terceiros é uma excelente forma de gerir o tempo. Como proprietário de uma empresa, subcontratar tarefas administrativas significa ter mais tempo para se concentrar no crescimento dos seus negócios e na criação de receitas.

E nem é preciso muito dinheiro para isto. A internet tem-se tornado como uma parte integrante nas nossas vidas, de tal forma que, pode estar no Reino Unido e trabalhar perfeitamente com alguém na Ásia, por exemplo. Além disso, a responsabilidade adicional dos impostos sobre a folha de pagamento, a obtenção de um grande espaço para escritório, seguros de saúde e outros empregados são efetivamente retirados da equação, com os benefícios ainda disponíveis.

A própria estrutura da nossa existência como seres humanos dita que precisamos uns dos outros, para crescer e alcançar os nossos verdadeiros potenciais. As perspetivas são abundantes especialmente no mundo de hoje. Depois, torna-se uma responsabilidade individual discernir e posicionar-se para tirar proveito delas.

"Trabalho em equipa é uma capacidade para trabalhar em conjunto em direção a uma visão comum, a capacidade para direcionar as realizações individuais em direção aos objetivos organizacionais. É o combustível que permite que pessoas comuns atinjam resultados incomuns." – Andrew Carnegie.

Ele deveria saber: ele era um industrial que foi facilmente um dos mais ricos e famosos na sua altura.

Capítulo 2
Mito: Para Ser Mais Realizado, Tem De Se Levantar Cedo

Outro mito de longa data sobre a gestão de tempo é aquele que perpétua a ideia que, de algum modo, desde que faça questão de ser um madrugador, a sua capacidade para conseguir fazer coisas será de alto nível e as suas capacidades de gestão de tempo estarão já ali.

O simples facto de estar pronto às 5 da manhã não quer dizer que estará automaticamente mais produtivo do que uma pessoa que acorda às 8 da manhã. Quando acorda cedo, qual é exatamente a sua entrada nessas horas?

Um estudo publicado em 2011 no jornal, *ThinkingandReasoning* destaca que "a chave para ser produtivo e criativo é trabalhar nas horas que são melhores para si".

Algumas pessoas acham que a melhor hora para realizarem tarefas que particularmente requeiram energia é durante as manhãs enquanto para outras poderá ser durante as tardes ou noites. A questão é esta: não há um tempo definido que se traduza num pico de produtividade.

Imagine um escritor que se senta, dedos pousados no teclado para escrever uma história às 5h, mas em vez disso sonha acordado até serem 8h e outro que dorme até ás 9h e acorda revigorado e com energia ilimitada para mais um dia de trabalho. No final, eles estarão no mesmo patamar em relação ao nível de produtividade ou o último fará até melhor porque o corpo recebeu tempo suficiente para ser rejuvenescido.

O segredo para melhorar a produtividade não é acordar cedo, mas sim, conhecer-se a si mesmo, compreender os seus períodos de pico e construir um horário de forma a maximizá-la.

A importância dosono para ter um dia positivo realmente não pode ser muito enfatizada. Um estudo relatado no jornal, *Sleep*, destaca que dormir menos que 5 horas todas as noites é uma causa para alguns funcionários abandonarem o trabalho. A privação do sono prejudica o estado de saúde ao longo do tempo e reduz o nível de produtividade.

Uma pesquisa de 2011 também descobriu que o sono fortalece a "capacidade de memória de trabalho", associada à resolução de problemas, ao vocabulário, às tomadas de decisão, que são capacidades interpessoais necessárias para conseguir fazer o trabalho em tempo recorde.

Pode ser difícil libertar a sua mente do trabalho e de todas as coisas que precisam de ser feitas, mas para o bem do mesmo trabalho, isso deve ser feito. Observe o que introduz no seu sistema, comidas e bebidas, ser ativo psicologicamente e mais importante, aprender a gerir o stress. Interiorize a verdade que agonizar sobre alguma coisa não levará miraculosamente a uma solução.

Deixe de lado, respire, descanse, descontraía e durma. Permita-se a ser você mesmo, e observe o seu nível de produtividade surpreendê-lo.

Uma vez o 50 Cent disse, "Dormir é para aqueles que estão sem dinheiro." É cativante, não é? Até se aperceber que tem de estar vivo para fazer dinheiro e não estar sem dinheiro. Para estar vivo, tem de ter cuidado com a sua saúde, e uma das maneiras de fazer isso é respeitar os direitos do seu corpo e a necessidade de dormir.

É um ciclo onde um fator impacta às vezes irreversivelmente no outro. E eu diria que é um acéfalo.

Capítulo 3
Mito: Multitarefas é uma ideia terrível

Já ouviu com frequência. Já leu com frequência. O inferno que é ter imensas tarefas e como isso suga o seu tempo pelo ralo até que não haja nada tangível dele.

Mas isso é necessariamente a verdade?

Não é. Porque, vejamos, a realização de múltiplas tarefas é um modo de vida para um bom número de pessoas e, principalmente, a única forma de incutir um senso de ordem e realização em cada dia de trabalho.

Embora seja verdade que fazer múltiplas tarefas podelevar a uma produtividadegeral reduzida, é também verdade que realizar múltiplas tarefas eficazes pode levar a fazer mais num período específico. A palavra-chave aqui é eficaz, uma ideia de disciplina.

Na realização de múltiplas tarefas, é importante definir um tempo limite de cada uma e segui-la estritamente. O truque está em alocar tempo suficiente para que a tarefa não seja levada a cabo de forma errada, assegurando que sobra tempo para a realização de outras tarefas que também precisam de ser concretizadas.

A realização de múltiplas tarefas exige uma definida energia mental e a capacidade de mudar o foco, deixar uma pele velha e seguir com uma nova. Isto é, quando completa uma tarefa, dê-a por terminada e passe para a próxima. Pensar numa tarefa já concluída enquanto trabalha noutra, invariavelmente desperdiçará o seu tempo e garantirá que não faça mais nada.

Após conclusão de uma tarefa, agende outra tarefa semelhante. Desta forma, mesmo que a sua mente persista em voltar ocasionalmente para uma tarefa já concluída, ela não exige tanta energia mental e enormes lotes do seu tempo.

John Kounios, um professor de psicologia da Universidade de Drexel diz que, "O ato de alternar para frente e para trás pode lubrificar as rodas do pensamento.

Fantástico, não é? Fazer várias tarefas e mudar de uma tarefa para outra pode-nos ajudar a esquecer más ideias. Às vezes, fixa-se numa determinada tarefa e pensa-se nela repetidas vezes. Não está livre para seguir em frente porque não encontrou a resposta/abordagem correta.

Assumir outra tarefa pode ser uma poupança de vida, porque permite ao seu cérebro a liberdade de abandonar a sua obsessão e concentrar-se noutra coisa. Nesse momento é mais fácil para esse loop andar na parte de trás da sua mente até que tenha a resposta até então intangível.

Keith Sawyer, o autor e investigador de Psicologia, diz que as ideias criativas chegam às pessoas que trabalham em diferentes unidades organizacionais ou que abraçam muitos projetos. Isto porque mesmo enquanto está ocupado, a sua mente é livre de fazer conexões imprevisíveis entre atividades aparentemente não relacionadas.

Por isto, faça múltiplas tarefas, mas enquanto isso, fique atento, conheça os seus limites, fique relaxado sobre o que está a fazer e o que entende fazer.

Assim irá conseguir fazer mais. Mas ainda mais, irá fazê-los de uma forma que forneça uma perspetiva nova.

Capítulo 4
Mito :Trabalhar mais horas é uma forma de fazer mais

Já se encontrou numa situação onde tinha muito para fazer, e consequentemente, gastou muito tempo para conseguir fazê-las? Agora, mesmo depois de umas longas horas investidas na execução dessas mesmas tarefas, descobre que conseguiu muito pouco. Acaba por se sentir perplexo porque gastou o dia inteiro e não tem nada para mostrar. Portanto, mesmo que tenha trabalhado longas horas, o seu nível de produtividade permanece estático ou até cai abaixo da linha.

Quando adoecemos, reconhecemos que é uma maneira do nosso corpo nos dizer para irmos mais devagar e de pedir algum descanso, mas intencionalmente ignoramos os sinais de fadiga do nosso bem-estar mental.

Um estudo liderado por Alejandro Liras, um professor de Psicologia da Universidade de Illinois em 2011, descreveu que as pessoas que conseguem afastar-se do trabalho, mesmo que por alguns minutos, têm um desempenho melhor do que aquelas que o mantêm continuamente. Isto porque, não interessa o quão importante uma tarefa é, quando consegue seguir sem parar, o cérebro automaticamentese desprende e é incapaz de fornecer o combustível necessário.

Não interessa o quão dedicado está numa tarefa ou ideia, invariavelmente vai chegar um estágio onde o seu corpo e mente simplesmente não conseguem seguir em frente. Neste ponto, a decisão inteligente a tomar é fazer uma pausa. Esta inteligente decisão permitirá que regresse novamente à tarefa com a energia renovada e com ideias ainda melhores sobre como fazer as coisas.

Quando está cansado, não há como negar que a qualidade do trabalho realizado durante esse tempo e depois será inferior ou, na melhor das hipóteses, normal.

Existem benefícios científicos documentados para passear: atua como um apaziguador do stress e reduz a exaustão. Por isso, dê um passo para longe da ecrã e todos os sinais de luz que exigem a sua atenção. Até mesmo uma caminhada de 10 minutos pode deixá-lo revigorado e numa posição melhor para fazer mais.

Fale com pessoas. No mundo de hoje de Facebook, Twitter, Instagram e outras redes sociais, torna-se fácil manter as relações virtuais. Mas um caso pode ser feito para os físicos. Ao fazer uma pausa, caminhe até aos seus colegas para alguns minutos de conversa relaxante. Não precisa de falar sobre algo sério, apenas o ato de se conectar com outro ser humano é mágico por si só.

Ao fazer uma pausa, caminhe até os colegas para alguns minutos de conversa relaxante. Você não precisa falar sobre nada sério; apenas o ato de se conectar com outro ser humano é mágico por si só.

Quando trabalha por um período de tempo, digamos 2 horas, desligue e faça uma sesta. Uma sesta de apenas 30 minutos pode atuar como um impulsionador energético efetivo.

Descanse a sua cabeça e respire. Permita-se derivar naquele oceano de inconsciência onde a sua mente está vazia de todos os obstáculos. Quando voltar a eles, fica mais fácil terminá-los.

Assista a um filme de comédia, ouça uma música que fale consigo, invista a pausa para um chá. Existem várias opções, só precisa de escolher alguns que funcionem para si.

A técnica Promodoro é um desses métodos eficazes de tempo limite. Um método de gestão de tempo desenvolvido por Francesco Cirillo, que usa um temporizador para dividir as tarefas em intervalos, normalmente de 25 minutos de duração e separados por intervalos curtos. Durante os 25 minutos alocados para a conclusão de uma tarefa específica, há um alto nível de foco que permite dar o melhor de si para a execução dessa tarefa. Mesmo que as distrações levantem as suas cabeças como elas costumam fazer, são empurradas para um lugar na base da mente e mentalmente arquivadas para atenção posterior.

A longo prazo, esse método é muito melhor do que longas horas com resultados dificilmente gerenciáveis. Lembre-se que não há tamanho único para todos, então estude-se e empregue o método que melhor funciona para si. Algumas pessoas podem passar duas horas numa tarefa com a máxima atenção, outras ficam nervosas depois de 30 minutos na mesma posição.

Não há certo nem errado, apenas diferentes formas de reagir aos assuntos. A compreensão da sua peculiaridade é a chave para uma maior produtividade.

Capítulo 5
Mito: Dizer "Sim" a Todas as Oportunidades

Por favor não. Ocasionalmente, trabalhe os músculos da sua boca, alinhe-os para um propósito comum e dê vida à palavra: Não. Posso-lhe dizer que os pilares que sustentam o mundo não desmoronarão de repente se você o fizer.

Quer ser amado. Quer que as pessoas o amem e valorizem a grande pessoa que é. Mas pergunte a si mesmo: O que há de tão grande numa pessoa que vive toda a vida para os outros, as suas opiniões, os seus desejos, os seus caprichos, tudo.

É ainda mais triste, porque ao tentar ser recetivo mesmo quando sabe que é inconveniente para si, acabará por fazer aquilo pelo qual se esforçou tanto para se proteger, prejudicam o seu crescimento e afetam negativamente os seus relacionamentos pessoais e profissionais.

Claro que deve ajudar pessoas, mas nunca em detrimento dos seus limites. Se alguém lhe pedir para realizar uma tarefa e você souber que simplesmente não tem tempo, não diga educadamente, mas com firmeza. Eles vão entender, e mesmo que não entendam, você fará a coisa certa por si e por eles. Dizer talvez ou que irá tentar fazer, irá aumentar as suas expectativas mesmo quando sabe que há todas as possibilidades de não conseguir realizá-las.

Se acontecer, eles ficarão desapontados e você irá sentir-se miserável.

A mente humana é uma entidade incrível. Se se comprometer com uma tarefa que sabe perfeitamente que não tem tempo para a realizar, prepara-se para um fracasso desde o inicio. Isso acontece porque se torna um osso a meio da garganta. Você sofre com as coisas que precisa de ajustar para poder criar tempo para isso, mesmo sabendo que o tempo não está lá ou tenta criar maneiras criativas com as quais você pode sair do compromisso inconveniente. Este agonizante e rearranjo leva tempo, tempo que poderia ter sido melhor canalizado para realmente ser produtivo e fazer as coisas acontecerem.

O seu cérebro queima energia e a sua inteligência está esgotada. E porquê?

Quando diz sempre que sim a tudo, lentamente começa a perder a essência de eu e esquece-se das coisas que realmente são suas, as suas opiniões, a sua identidade e a sua capacidade.

Seja educado, seja humano, e dê razões, se puder, sobre o motivo de ser uma má ideia para assumir responsabilidades adicionais naquele momento.

"Quando eu reivindico mais do que posso lidar, limito as oportunidades para outra pessoa na minha comunidade." - JeffShinabarger.

É muito mais rentável sob promessa e depois entrega acima das expectativas. Isso tornaria a vida da outra pessoa mais fácil e fará sentir-se melhor consigo mesmo.

Mais importante, lembre-se de viver para si. A verdade é que as pessoas precisarão de algo de si e outra é que o recurso limitado que você é, será impossível satisfazer essas necessidades o tempo todo. Por isso, faça o que puder, de uma forma que não tenha um impacto negativo em si.

Faça isso porque é aquilo que quer fazer, e não porque é o que espera fazer. Talvez seja repudiado, julgado ou rejeitado, mas em tudo isso, terá o conhecimento de que, acima de tudo, é fiel a si mesmo.

Capítulo 6
Mito: Pessoas Produtivas Trabalham a Partir de Uma Lista de Tarefas.

Uma pesquisa de 2010 com 1700 trabalhadores qualificados nos Estados Unidos, China, África do Sul, Reino Unido e Austrália revelou que, em média, os funcionários gastam mais tempo a receber e a gerir informação do que a fazerem realmente o seu trabalho.

Aposto que a maioria tinha listas de tarefas. Verifique as minhas mensagens e responda. Faça um resumo antes da reunião das 9 horas e assim por diante. Isso é bom, até que surja o problema pelo qual parece haver um buraco no primeiro item da lista e torna-se quase impossível separá-lo.

Ainda soa familiar?

O dia de trabalho pode ficar bastante intenso com reuniões que parecem não ter fim à vista, intermináveis interrupções e surpresas, tanto que no final do dia, tem dificuldade de identificar qualquer progresso real feito naquele dia.

É por isso que é importante agendar adequadamente o tempo e planear o seu dia de uma maneira que seja possível, no tempo disponível, atingir os seus objetivos.

É pertinente que não tente exagerar. Entenda as suas restrições e seja realista no seu planeamento. É possível conseguir fazer isto neste determinado tempo?

É desaconselhado assumir fazer mais do que aquilo que consegue fazer e nenhuma quantidade de tempo poderá ajudá-lo com a confusão que surgirá. Atribua o tempo suficiente para apenas realizar o número de tarefas que está confiantecompletar num determinado dia.

O tempo parece ser um recurso infinito, até que a realidade nos bata no rosto e cheguemos à conclusão de que não é. O tempo desperdiçado não pode ser recuperado, por isso é importante emprega-lo de forma produtiva e eficaz.

Quando cria um cronograma, cria um quadro das coisas que precisam de ser feitas, os seus objetivos propostos e ajuda-o a acompanhá-los.

Um cronograma pode ser criado de várias maneiras. Pode pegar numa caneta e num papel e organizar o seu tempo. No nosso mundo tecnológico, softwares como Google Calendar®, Business Calendar e outros podem ajudá-lo muito na criação de um cronograma que funcione para si.

Identifique o tempo que tem e a percentagem dele que pode ser dedicado ao trabalho, relacione as tarefas que precisam de ser concluídas, levando em consideração as de alta prioridade que considere importantes. As tarefas que se encaixam nesta categoria devem caber nas horas do dia em que o seu nível de produtividade está no auge.

No planeamento, é importante saber que o dia provavelmente não funcionará de acordo com o seu plano. Para evitar que isso acontece, planeie algum tempo extra para circunstâncias imprevistas que possam surgir. Não fazer isso não significa que as surpresas não surjam de vez em quando, mas sim que você estará menos preparado para lidar com elas.

"Um bom plano é como um roteiro; mostra o destino final e geralmente a melhor maneira de chegar lá. " -H. Stanley Judd.

Isto diz tudo.

Capítulo 7
Mito: E-mail é a Maneira Mais Eficaz de Comunicar

Ao longo dos anos, a cultura de enviar e receber *e-mails* tornou-se a principal forma de comunicação no local de trabalho. Sem dúvida, é uma ótima ferramenta para manter registos eletrónicos de mensagens recebidas e enviadas.

Mas dizer que é o mais eficaz é, simplesmente, esticar a verdade. *E-mails* tornaram-se vampiros do tempo, sugando uma grande parte do dia de trabalho.

Algumas pessoas cultivam o hábito de responder a e-mails em tempo real. Não importa se recebem 20 e-mails numa hora, respondem imediatamente a todos quando chegarem. Ora diga, quanto tempo resta para terminar o seu trabalho diário? Muito pouco tempo, porque os *e-mails* em campo tiram a energia mental que pode ser melhor canalizada para outras tarefas, deixando-o cansado mesmo quando não fez muita coisa.

Existem maneiras de gerir o envio por *e-mail*. Evite a necessidade de responder a e-mails à medida que eles chegam. Em vez disso, crie blocos de tempo no seu dia dedicados a todos os *e-mails*. Pode ser duas vezes no dia: no período da manhã, quando começa a trabalhar e à noite, antes de sair. Desta forma, conseguirágerir os seus e-mails, garantindo que os outros aspetos do seu trabalho não fiquem prejudicados.

As estatísticas disponíveis mostram que mais de 2,6 bilhões de pessoas no mundo usaram *e-mail* em 2016, com uma média de mais de 100 *e-mails* enviados apenas para o trabalho. Por cada *e-mail* enviado, recebido e respondido, há um tempo equivalente que poderia ser canalizado de forma mais produtiva, sendo descartado de forma efêmera e efetivamente diminuindo a produtividade.

É bom, o desejo de querer o seu dedo no pulso dos acontecimentos, mas também é perigoso que sua caixa de entrada se torne um mercado de diferentes segmentos e notificações que exigem que você gaste mais tempo.

Enviar um e-mail com uma gramática adequada e aceitável é tão importante quanto enviar um *e-mail* conciso e direto ao assunto. Divagar enquanto envia um e-mail desperdiça não apenas o tempo do destinatário, mas também o seu, o tempo que poderia ter sido mais bem gasto lidando com tarefas de alta prioridade.

Pessoalmente, eu uso aSlack. Acho que é uma ferramenta muito valiosa para comunicar com a minha equipa e membros e para melhorar as comunicações e colaborações rápidas. Na verdade, às vezes é descrito como um matador de e-mail. A Slack afirma que seus utilizadores recebem 48,6% a menos de e-mails internos depois de terem começado a usar a ferramenta.

Isto é ótimo, não é? Quanto menor for o tempo gasto na classificação e na resposta ao e-mail, maior é o tempo que pode ser focado na produtividade.

Capítulo 8
Mito: Estar Ocupado é o Mesmo que Ser Produtivo

Os termos "ocupado" e "produtivo" têm significados diferentes e não são dependentes um do outro. Assim sendo, é lógico que estar muito ocupado não significa que esteja a ser produtivo.

Ideias são importantes, mas não governam necessariamente o mundo. Ter uma superabundância de ideias pode ser vista como algo negativo, e não como positivo. Isto porque para além de uma boa ideia, o trabalho tem de aparecer feito para se tornar real.

Quando parece que tem muito a fazer, tenha em mente que o objetivo é gastar tempo em algo que realmente importe para si. As tarefas de importância mínima devem ser delegadas ou tratadas rapidamente de forma a libertá-lo para ter mias tempo e energia para gastar com o que é realmente importante.

Produtividade é conseguir executar as coisas certas e não fazer mais.

Existem diferentes músicas que a música da nossa vida desempenha e diferentes peças que formam a vida de cada indivíduo. Há família, saúde, negócios, trabalho e outros. Depois da saúde, pode-se argumentar que o mais importante é o tempo. Este tempo não é independente, mas tem um grande impacto na qualidade da saúde e no tempo individuais.

A vida pode ser esmagadora ou talvez a tornemos nisso inadvertidamente. Muitas vezes, as pessoas são enterradas sob sentimentos de inadequação. Elas sentem-se presas no conhecimento de que não estão a fazer o suficiente, não porque é verdade, mas porque criaram um objetivo tão impossívelque não pode ser alcançado.

É simples! Pare de tentar fazer tudo. Não pode, e mais importante, não precisa.

Imagine que estava numa loja de doces e deu u m recipiente vazio para levar doces para o seu coração. É provável que fique atento e observe os seus doces preferidos enquanto ignora completamente os que não gosta.

O mesmo princípio se aplica: escolha a sua tarefa com cuidado e tenha em mente o seu índice geral de produtividade.

Lembre-se: a sua produtividade é sua e a sua definição pode ser diferente da de outra. E isso está bem. Não é obrigado a estar ocupado no momento em que outra pessoa está ou parece ocupada.

O objetivo é aumentar a produtividade, não caindo no pretexto de estar ocupado sem fazer nada.

Capítulo 9
Mito: Cada Minuto que Perde a Planear Poupa Dez na Execução

O planeamento envolve a preparação de uma sequência de etapas de ações para atingir um determinado objetivo. Se for realizado de forma eficaz, poderá aumentar as possibilidades de alcançar esse objetivo.

Brian Tracy disse: "Cada minuto que gasta a planear economiza dez na sua execução". No entanto, o planeamento envolve pensar, o que poderá levá-lo a divagar durante algum tempo.

"Se gastar muito tempo pensando em algo, nunca conseguirá obtê-lo" – Bruce Lee.

Planear é bom, e definitivamente há um motivo para isso ser feito. Isso ajuda a prepará-lo e posicioná-lo uma barreira entre si e o melhor para realizar tarefas de maneira mais eficiente. Mas, por outro lado, o planeamento excessivo pode ser cumprimento da tarefa.

É simples, o planeamento excessivo pode levar a uma escassez de ação, porque em vez ir direito ao assunto, está a remoer os aspetos relevantes e irrelevantes que isso implica.

Por exemplo, começar um negócio é um trabalho árduo, especialmente se o objetivo é trabalhar das 9h às 17h. O conhecimento de que a sua única fonte de rendimento será o lucro proveniente desse negócio, leva-o a pensar seriamente. Claro, há muito que pensar antes de iniciar um negócio. A necessidade desse produto, o mercado-alvo, etc. Independentemente da força do trabalho de casa realizado, o sucesso do negócio é julgado com base na força de como se sai. E para fazer isso, o negócio tem que ser lançado em primeiro lugar.

Pense, abra a sua mente para a voz do universo, mas esteja ciente do ponto em que se torna necessário desenhar uma linha fina. Não se preocupe com pequenas coisas ou procure permissão expressa de qualquer pessoa sobre o que fazer com a sua vida.

No final, o sucesso é resultado das ações. Os pensamentos só o podem levar longe. Feche os seus medos num compartimento e pergunte a si próprio: Qual é a única coisa que quero fazer hoje? Então, vá em frente e faça. Talvez fracasse, mas mesmo que o faça, haverá lições inegáveis para tirar partido dele.

O planeamento pode economizar tempo, mas a ação economiza ainda mais.

Encante-se com o milagre que cada dia é e tenha o ardente desejo de aproveitá-lo ao máximo. Não importa quanto tempo tenhamos, nunca estaremos num lugar onde tenhamos tudo, até mesmo os mínimos detalhes. O truque está em saber que está tudo bem.

Um passo aqui, um passo ali é um progresso que fica mais perto do seu objetivo. Muitas vezes, muitas pessoas ficam presas num lugar porque estão decididamente esperando o momento perfeito. Essas pessoas estarão lá por muito tempo ainda, porque não existe o tempo perfeito, exceto aquele que fazemos perfeito.

Eu nunca teria escrito este livro se não tivesse um plano que detalhasse a contagem de palavras e um período de tempo específico. Mas eu também nunca teria escrito este livro se permitisse que tanto as coisas pequenas quanto as grandes se segurassem.

Um plano é importante, porque se difunde num conceito de urgência e seriedade, mas também é perigoso, porque se pode tornar num lugar estático onde os sonhos vão dormir e nunca acordam como realidades.

Capítulo 10
Mito: Trabalhe de Forma Mais Inteligente, Não Mais Difícil

O que aconteceu com o trabalho mais inteligente e mais difícil?

O objetivo final é aumentar a produtividade e, para isso, a fusão do trabalho mais inteligente e mais difícil é uma ferramenta eficaz.

A premissa de trabalhar de forma mais inteligente em vez da mais difícil pode ser negada porque a linha de fundo que é o nível de produtividade está mais preocupada com o que é realizado do que com um grande número de tarefas realizadas de todas as maneiras.

Quando trabalha muito no seu negócio, por exemplo, há uma sensação tangível de realização que, invariavelmente, leva a uma maior confiança.

Trabalhar de forma mais inteligente, por outro lado, garante que conclua as tarefas em tempo recorde e empregue menos entradas. Para aumentar a produtividade real, é necessário criar uma ponte que interliga as duas.

Mesmo que haja um espaço para talento, as competências precisam de ser aperfeiçoadas e passar pelo forno para aquela explosão de calor que as converte em ouro. Nos estágios iniciais de um negócio ou trabalho, é importante trabalhar muito com a cabeça no chão. Este é o momento de aprender os fundamentos de determinadas tarefas e, gradualmente, melhorar ao realizá-las.

Conclusão

Obrigado novamente por descarregar este livro!

A minha esperança é que tenha sido um recurso inestimável para si ao fornecer aulas práticas e oportunas sobre como maximizar as horas diárias e aumentar a produtividade de um estilo de vida.

Embora, inicialmente possa parecer assustador, todos nós temos as mesmas 24 horas por dia. No entanto, algumas pessoas conseguem fazer de vez em quando as coisas, outras conseguem ficar acima do jogo e fazer as coisas acontecerem

Eles não são sobre-humanos. A diferença entre si e eles é que eles aprenderam a arte efetiva de dissimular os seus dias, e depois remontá-lo de uma maneira que reflita o seu verdadeiro eu.

Mas você também pode, e é sobre isso que este livro trata.

O próximo passo é tomar uma decisão consciente com a combinação da sua cabeça e do seu coração. A decisão de deixar de lado os mitos de gerir o tempo que o mantiveram a si e à sua produtividade como reféns. Liberte-se, para que possa realmente atingir o seu verdadeiro potencial.

A produtividade não é um termo abstrato que está fora do seu alcance. Pelo contrário, está muito dentro do seu círculo de influência. Só precisa de a alcançar.

Entenda-se a si mesmo e as peculiaridades que o tornam diferente da outra pessoa. Seja fiel ao seu eu interior e observe como as peças aparentemente não relacionadas do quebra-cabeça se unem para falar consigo.

Numa nota final, se gostou do livro e se não for demais, gostaria de lhe pedir um favor: Faria a gentileza de deixar um comentário para este livro na Amazon? Seria muito apreciado.

Além disso, eu ofereço um treino individual para profissionais que querem parar de adiar, ganhar mais controlo ao longo do tempo e avançar em projetos e metas que mais importam.

Obrigado e desejo-lhe o melhor!

www.ingramcontent.com/pod-product-compliance
Lightning Source LLC
Chambersburg PA
CBHW072007070526
44583CB00015B/1375